Respekt!

100 Menschen – 100 Geschichten

Herausgegeben von
Peter Lohmeyer und Lothar Rudolf

Impressum

Bibliografische Information der Deutschen Nationalbibliothek
Die Deutsche Nationalbibliothek verzeichnet diese Publikation in der Deutschen Nationalbibliografie; detaillierte bibliografische Daten sind im Internet über http://dnb.d-nb.de abrufbar.

Herstellung: Birgit Fieber **Umschlaggestaltung & Satz:** Querformat Lothar Rudolf Medienkonzept, Frankfurt am Main
Druck und Bindung: Kessler Druck + Medien GmbH & Co. KG, Bobingen
DVD-Entwicklung: UMA Germany, Mühlheim am Main **DVD-Vervielfältigung:** optimal media production GmbH, Röbel

Printed in Germany 2010 **ISBN 978-3-7663-6047-2**

www.bund-verlag.de

Idee / Konzeption / Realisation: Querformat Lothar Rudolf Medienkonzept, Frankfurt am Main
Beratung: Rainer Jöde, Bund-Verlag GmbH, Frankfurt am Main

»Respekt! Das Wunder von Frankfurt«

Lieber Peter Lohmeyer Oktober 2007 auf der Frankfurter Buchmesse – da lernten wir uns kennen. Du interessiertest dich für unsere Aktion »Kein Platz für Rassismus!«, die wir dort mit einem eigenen Stand präsentierten. Spontan sagtest du deine Mitarbeit und Hilfe zu. Ehrenamtlich natürlich. An diesem Tag bist du einer von uns geworden. Dank deiner Leidenschaft für den Fußball fanden wir fortan auch mit deiner Unterstützung viele prominente Mitstreiter für unsere Aktion. Das ist heute, fast drei Jahre später, bei unserer neuen, bundesweiten Aktion »Respekt! Kein Platz für Rassismus!« genauso. Aus dem damaligen Verbotsschild wurde inzwischen eine starke, klare Botschaft. Und aus dem Mitstreiter Peter Lohmeyer ein Botschafter in vorderster Reihe. Respekt!

Wie gut du und unser Thema »Respekt!« zusammenpassen, zeigt der Film »Das Wunder von Bern«, in dem du zusammen mit deinem Sohn die Hauptrolle spielst. In diesem erfolgreichen Film spiegelt sich das Leben vieler Menschen: das der physisch und psychisch gebrochenen Kriegs- und Im-Krieg-geborenen-Generation. Mit kaputten Familien, Zukunftsangst und fehlendem Selbstwertgefühl.

Dieser Film zeigt anhand einer Familiengeschichte, wie durch den Gewinn der Fußball-Weltmeisterschaft das im Innern zerstörte und von außen geächtete Deutschland langsam wieder aufrecht gehen lernt. Und zurückfindet, zu wichtigen, ja richtigen Werten: Respekt vor Anderen, Respekt vor (sportlichen) Gegnern, Respekt vor Leistung und Fortune, Respekt vor der Familie und vor sich selbst. Und das alles entfacht durch ein simples Fußballspiel!

Liebe Leserinnen und Leser Mit wechselseitiger Wertschätzung und Achtsamkeit ließen sich viel Leid und persönliches Unglück in unserem Land vermeiden. Das zeigen die Antworten von 100 Menschen, die wir zum Thema Respekt befragt haben. Die meisten Interviewten kommen aus dem Fußball oder Sport im Allgemeinen. Andere Gesprächspartner und -partnerinnen sind in sozialen Organisationen oder Verbänden aktiv. Einige arbeiten in führenden Positionen großer Unternehmen. Auch Schauspielerinnen und Schauspieler kommen zu Wort, ebenso Musikerinnen und Musiker, Comedians, Schriftstellerinnen und Schriftsteller und sogar ein Professor. Welch eine Vielfalt der Stellungnahmen!

Mich bewegt besonders, dass sich »meine Helden« Horst Eckel und Peter Lohmeyer am »Wunder von Frankfurt«, unserem Respekt!-Buch, so stark beteiligt haben. Nehmen Sie das Interview der beiden ab Seite 44 als Referenz für dieses Buch. Und steigen Sie ein in die Geschichten all der anderen, die viel Aufschlussreiches zu erzählen haben. Lesen Sie, hören Sie, sehen Sie. Die beigefügten DVDs zeigt 100 Persönlichkeiten – nahezu ungeschminkt. Vielen Dank an alle, die mitgemacht und dieses Buch möglich gemacht haben. Euer Engagement war und ist super!

Liebe Leserinnen und Leser, Eltern, Trainerinnen und Trainer, Lehrerinnen und Lehrer: Nutzt dieses Buch, seine Interviews, um mit euren Kindern, Spielerinnen und Spielern, Freundinnen und Freunden, Schülerinnen und Schülern über Respekt zu diskutieren, zu streiten oder laut zu träumen. Aber natürlich immer mit dem nötigen Respekt!

| Zur Person |

Lothar Rudolf (* 24. Oktober 1954) ist gelernter Schriftsetzer und seit über 25 Jahren selbständig als Creative und Art Director. Zu seinen Kunden zählen namhafte Unternehmen und Verlage. Seit 2001 ist er Inhaber der Agentur Querformat – Lothar Rudolf Medienkonzept.

Peter Lohmeyer, Schauspieler, im Gespräch mit dem Weltmeister von 1954, Horst Eckel. Das Thema ist natürlich »Das Wunder von Bern«. Ort: Das Fritz-Walter-Stadion in Kaiserslautern.

KARLSBERG
WESTTRIBÜNE
KARLSBERG

Respekt. Ein Vorwort mit Vorsicht.

| 1 | Es ist kein Geheimnis und doch wird es vielfältig beschwiegen. Weder die angeblichen oder selbsternannten Eliten noch wir hier »unten« haben Ideen dazu, wie wir die Zukunft dieser Gesellschaft gestalten wollen. Es gibt keine Initiativen zur Beantwortung der Frage: »In welcher Gesellschaft wollen wir leben?«

Es dominiert ein konzeptionsloses »Weiter so«, verbunden mit gelähmter Unzufriedenheit und Wut über die gesellschaftlichen Zustände. Dies können wir über empirische Analysen nachweisen. Dieses wäre nun nicht sonderlich beunruhigend, wenn es nicht Opfer dieser Zustände gäbe und wenn nicht Verschiebungen von Normalitäten sichtbar würden.

| 2 | Opfer sind vielfältig. Deshalb sprechen wir in unseren Bielefelder repräsentativen Untersuchungen in der sogenannten Mehrheitsgesellschaft auch von Gruppenbezogener Menschenfeindlichkeit, das heißt gegenüber Menschen, denen allein aufgrund ihrer Zugehörigkeit zu ethnischen oder religiösen Gruppen oder spezifischen Lebensstilen der Respekt entzogen wird. Dies sind in der Regel schwache Gruppen oder Minderheiten. Wir zählen dazu Migranten, Juden, Muslime, Obdachlose, Langzeitarbeitslose, Homosexuelle, Behinderte – und auch Frauen, die mit sexistischen Abwertungsattributen belegt werden.

Den Hintergrund bildet eine Ideologie der Ungleichwertigkeit, die von erheblichen Teilen in der Bevölkerung geteilt wird, wie unsere Langzeituntersuchung zeigt. Den genannten Gruppen wird damit Achtung, Achtsamkeit, Respekt und Anerkennung entzogen. Sie werden »freigegeben« für Abwertungen, Diskriminierungen und Gewalt.

Zu den ganz schwierigen Konstellationen gehört etwa die Balance der Einforderung von Respekt gegenüber der eigenen Person und Gruppe und dem Respekt gegenüber anderen. So zeigt sich beispielsweise eine ganz brisante Situation bei jungen männlichen Migranten, die für sich selbst aufgrund tradierter Ehrkonzepte den Respekt zum höchsten Wert stilisieren und gleichzeitig das Recht für sich reklamieren, wen sie verachten, diskriminieren und mit Gewalt begegnen dürfen. Dies gilt auch für so manche Gruppe deutschstämmiger Fußballfans.

Diese gefährliche Schieflage zeigt sich auch in Sportarenen des Fußballs zwischen Fangruppen. Nicht universalistische Prinzipien, die also für alle gelten, sondern partikularistische Prinzipien etwa der Ungleichwertigkeit, die nur für bestimmte Gruppen gelten, werden beansprucht – und nicht selten mit Gewalt dann Nachdruck verliehen. Diese Attitüden finden sich zum Beispiel in politischen Gruppierungen des rechtsextremistischen Spektrums.

| 3 | Respekt ist wichtig. Aber Vorsicht, denn in diese Reklamation kann sich leicht auch ein autoritärer Grundton einschleichen, wenn nicht wechselseitiger Respekt gemeint ist und öffentlich gesichert wird. Deshalb plädiere ich für eine Ergänzung um das Konzept der Anerkennung, denn es ist explizit auf Wechselseitigkeit der Verhältnisse zwischen Menschen und Gruppen angelegt.

Also: Respekt gegenüber wem? Gegenüber machtbeses-

| Zur Person |

Dr. Wilhelm Heitmeyer (* 28. Juni 1945) ist Professor für Pädagogik mit dem Schwerpunkt Sozialisation an der Universität Bielefeld. Seit 1982 beschäftigt er sich mit den Themen Rechtsextremismus, Gewalt, Fremdenfeindlichkeit, ethnisch-kulturelle Konflikte und soziale Desintegration.

senen Autoritäten? Die historische Liste ist lang und die Zahl der Opfer unermesslich. Dieser Respekt basiert auf Angst, Ohnmacht und Unterwerfung. Auf der politischen Bühne wird dies offen zelebriert, weil es einen Machtapparat gibt, der den Respekt als Unterwerfung erzwingen kann. Dies kann auch im Alltag von uns hier unten zelebriert werden, – in der direkten Verachtung im Supermarkt, im Bus, auf der Straße.

Deshalb muss man die machtbesessene Respekteinforderung bekämpfen. Sie basiert auf verkündeten Hierarchien – und auf Erniedrigung. Dagegen hilft nur der anerkennende Respekt, der nur auf universalistischen Prinzipien basieren kann, also auf Gleichwertigkeit der Menschen und psychischer wie physischer Unversehrtheit. Und eben auf Wechselseitigkeit.

Erst aufgrund eigener Anerkennung als Person werden auch die gewaltschützenden Normen für Andere anerkannt. Dieses Verhältnis ist allerdings störanfällig. Ungerechtigkeitserfahrungen gehören zu den tiefgreifendsten Eingriffen in solche gewaltschützenden Verhältnisse zwischen Menschen und Gruppen.

| 4 | Respekt im Profi-Fußball ist schwierig, weil es sich bekanntlich um ein kapitalistisches Spielfeld handelt, auf dem es um Sieg oder Niederlage, das heißt entweder-oder geht, um Maximierung in Tabellenpunkten, finanziellem Mehrwert oder gar Börsenzugewinne.

Der kapitalistische Kern des Profi-Fußballs kennt nur den Respekt des Stärkeren. Ausnahmen sind knapp. Die Schwächeren werden systematisch der Verhöhnung und Verachtung ausgeliefert. Das trifft Vereine, Fans und vor allem die von den jeweiligen Fans ausgewählten Hass-Objekte: eben die Schwachen.

Das dramatische Zeugnis besteht darin, dass die Abwertungen und Diskriminierungen von schwachen Gruppen in der Gesellschaft weitverbreitet sind, aber ausgerechnet durch die Fangruppen in den Stadien lautstark öffentlich gemacht werden aufgrund der Parolen, Gesänge etc., die dann auch noch massenmedial verbreitet werden. Gewissermaßen eine Choreographie der Abwertung, Diskriminierung und Gewalt.

| 5 | Es wird spannend sein, wie in diesem Buch die interviewten Frauen und Männer dann Respekt aufgrund ihrer Erfahrungen und tatkräftigen Initiativen ausbuchstabieren, wie sie sich und andere in die Pflicht nehmen. Diese Zeiten brauchen das – wahrscheinlich mehr denn je. Aber wie lässt sich das in den Effekten nachspüren? Die Antworten werden wohl ausbleiben, wenn dieser Initiative keine weiteren Klärungen folgen. Darum müssen weitere Initiativen folgen.

Respekt!

Die Interviews

www.respekt.tv

Ich lebe in zwei Welten

Bei der WM 2006 spielte Otto Addo in der ghanaischen Nationalmannschaft.

Wie definierst du Respekt?

Wenn ich jemandem mit Respekt gegenübertrete, Achtung vor ihm habe, seine Person schätze, dann will ich, dass er mich genauso behandelt. Und mich nicht aufgrund meiner Größe, meiner Hautfarbe oder wegen anderer Dinge anders behandelt. Ich will, dass er mich als Mensch sieht und auch so behandelt!

Hätte die Fußball-WM nicht viel früher in Afrika stattfinden müssen?

Es hätte auf jeden Fall früher sein können. Natürlich ist es wichtig, dass Afrika als gebeutelter Kontinent Hilfe von außen bekommt. Und es wäre viel, viel früher möglich gewesen. Ich freue mich aber generell darüber, dass die WM nun in Afrika stattfindet, und hoffe natürlich, dass es schöne Spiele werden.

Fühlst du dich als Deutscher?

Ich habe einen deutschen Pass, habe aber nie für Deutschland gespielt, immer nur für Ghana. Das wurde auch so von der FIFA akzeptiert. Das Deutsche ist in mir natürlich sehr verankert: Ich bin hier geboren und aufgewachsen. Deswegen ist Deutsch auch die Sprache, die ich am besten beherrsche. Die deutsche Gesellschaft hat mich natürlich geprägt, das ist ganz klar.

Heutzutage ist es bestimmt viel, viel besser und zum Glück haben sich einige Sachen geändert – gerade durch Aktionen wie »Respekt!«. Früher war es sehr schlimm: Da wurdest du als Schwarzer im Stadion generell rassistisch beleidigt. Das war ganz normal, darüber hat sich keiner aufgeregt. Heute sind diese Stimmen weitestgehend verstummt: Nur in den unteren Ligen gibt es leider immer noch rassistische Äußerungen gegenüber dunkelhäutigen Spielern. Deshalb hatte ich mich dafür entschieden für Ghana zu spielen – denn obwohl ich hier geboren und aufgewachsen bin, habe ich mich nicht als Deutscher gesehen. Ich habe mich so gesehen, wie viele andere Menschen mich gesehen haben: nämlich als Nicht-Deutschen. Ich wurde auf Englisch angesprochen, ich wurde in meiner Jugend von Nazi-Skinheads gejagt, und Freunde von mir wurden verprügelt. Diese Dinge haben mich dazu gebracht zu sagen, dass ich für Ghana spiele, wenn ich die Chance bekomme.

Hat sich die Situation für Migranten verbessert?

Es hat sich was bewegt und auch geändert: In Hamburg kann man auch nachts unbeschwert herumgehen, ohne dass man sich vor rassistischen Angriffen fürchten muss. Insofern glaub ich, dass sich heute Kinder mit Migrationshintergrund besser mit Deutschland identifizieren können. Dazu hat auch beigetragen, dass Gerald Asamoah für Deutschland gespielt hat – da haben die Leute gesehen, dass er als Dunkelhäutiger trotzdem Deutscher ist. Solche Aktionen führen dazu, dass die Menschen viel mehr verstehen. Und deswegen freut es mich, dass es Leute wie Gerald geschafft haben, für Deutschland zu spielen – obwohl ich mich damals anders entschieden habe.

| Zur Person |

Otto Addo (* 9. Juni 1975) ist ehemaliger Profi-Fußballer mit ghanaischen Wurzeln, der in Deutschland geboren und aufgewachsen ist. Zur Zeit ist Addo Co-Trainer der U19-Mannschaft des Hamburger SV.

Otto Addo war auch Botschafter für »Kein Platz für Rassismus!«

Respekt!
Kein Platz für Rassismus
www.respekt.tv

Respekt ist Toleranz im Umgang mit Menschen

Klaus Allofs war 1979 und 1985 Torschützenkönig der Bundesliga.

| Zur Person |

Klaus Allofs (* 5. Dezember 1956) ist ehemaliger deutscher Profi-Fußballer und seit 1999 Geschäftsführer von Werder Bremen.

Was bedeutet Respekt für Sie?

Respekt bedeutet, dass man den Mitmenschen so nimmt, wie er ist und ihm die Freiheiten zugesteht, die zu seinem Wohlsein notwendig sind. Grundsätzlich sollte man eine gewisse Toleranz entwickeln im Umgang mit seinen Mitmenschen.

Gibt es Rassismus im deutschen Fußball?

Ich glaube, wir haben dort zwei verschiedene Ebenen: Wir haben einmal die Ebene im Sport selbst – das heißt, unter den Aktiven – wo es nach meiner eigenen Erfahrung im Grunde keine Probleme gibt. So habe ich das bisher erlebt. Wir haben aber dann wieder diese andere Ebene: den Zuschauerbereich. Und dort entlädt sich manchmal der Rassismus. Oft ist das der Schlüssel oder Anlass dafür, dass man den Gegner auf irgendeine Art und Weise schädigen will. Ich glaube, das ist immer der Aufhänger. Aber insgesamt gibt es im Sport – immer von einigen Verrückten abgesehen – ein respektvolles Miteinander.

Warum ist das in Italien anders?

Was man sagen kann ist, dass gerade die Ultra-Fangruppen in Italien doch sehr radikal sind: auch in ihren Gedanken, was Rassismus angeht. Ich glaube, dass sie eben unbelehrbar sind und dass sich das dort einfach im Verlauf der Zeit entwickelt hat, auch weil es geduldet worden ist. Vielleicht sind es auch soziale Probleme, die da mit reinspielen. Ich glaube, dass wir diese radikalen Gruppen – wie wir sie gerade unter den Fans in Italien finden – in Deutschland in dieser Form nicht haben.

Geht man in Bremen respektvoll mit dem Trainer um?

Ich glaube, dass wir nicht nur mit dem Trainer, sondern mit allen Angestellten bei Werder Bremen respektvoll umgehen. Aber in erster Linie gehen wir respektvoll mit unseren Spielern um und dazu gehört, dass man Menschen nicht nur als Spieler oder Angestellte sieht, sondern als Menschen. Ein Mensch hat natürlich Stärken und Schwächen, und auch wenn ein Spieler mal schlecht spielt, ändert es nichts an seinem Wert als menschliches Wesen. Ich glaube, das spielt bei Werder Bremen immer eine große Rolle: In der Vergangenheit war das so, und es war zum Beispiel auch ein Leitsatz von Otto Rehhagel. Das hat sich natürlich fortgeführt und ich glaube, das ist auch ein Grund dafür, dass sich die meisten hier ganz wohl fühlen.

Wie ist das mit dem Abwerben von Fußballern?

Ich glaube, dass das zum Fußballbusiness dazugehört – ob uns das gefällt oder nicht. Aber dennoch gibt es durchaus Unterschiede, wie man das macht. Ich glaube, es ist ein respektvoller Umgang, wenn man einfach den Weg einhält, der vorgegeben ist. Das heißt, dass man vorher den Kontakt mit dem Verein aufnimmt und die Dinge dann korrekt bespricht. Und dass man in den Verhandlungen fair miteinander umgeht.

In seiner aktiven Zeit schoss er 177 Tore in 424 Bundesligaspielen.

Es ist wichtig, Ziele zu haben

Ioannis Amanatidis spielt in der griechischen Nationalmannschaft.

Was bedeutet Respekt für dich?

Respekt bedeutet für mich, dass man seine Mitmenschen achtet – sowohl im Privaten als auch auf dem Sportplatz, wenn man Profisportler ist wie ich. Man muss den anderen achten, ihn beachten, Rücksicht auf seine Mitmenschen nehmen. Denn es geht ja auch um viel Prestige auf dem Platz. Aber dennoch sollte man das nicht überbewerten, sondern seinen Mitmenschen respektieren und nicht mit Intrigen hintergehen – eben ganz einfach respektvoll mit seinen Mitmenschen umgehen.

Welche Rolle spielt deiner Meinung nach Rassismus im Fußball?

Ich glaube, hier in Deutschland haben wir das sehr gut im Griff. Auch wenn der eine oder andere meint, vermeintlich rassistisch beleidigt worden zu sein – ich kenne das nicht und ich habe diese Situation noch nicht gefühlt. Aber ich glaube, generell haben wir das hier sehr gut im Griff.

Und wie ist das im griechischen Fußball?

In Griechenland ist das auch kein großes Thema. In meinem Heimatland spielen auch sehr viele Spieler vom afrikanischen Kontinent und aus Südamerika. Da wird das, glaube ich, ebenfalls nicht so hoch genommen! Da respektieren und schätzen sich die Spieler enorm, auch wenn in Griechenland natürlich ganz andere Probleme vorhanden sind. Dennoch haben die Herkunft und die Hautfarbe keine große Bedeutung. Es ist sehr neutral, ähnlich wie hier in Deutschland.

Du bist sehr erfolgreich – was können sich die Kinder bei dir abschauen?

Ich glaube, nahezu jeder Jugendliche will das schaffen, was ich erreicht habe. Das war auch mein Ziel in diesem Alter. Doch da ist natürlich viel Arbeit angesagt und man muss klare Ziele und Strukturen haben. Das kann man auch schon mit 13 oder 14 anpacken, wenn man vernünftig ist und sich Ziele setzt. Vielleicht hat man dann noch jemanden, der einen ein bisschen anspornt, und man kann in einen Verein reinschnuppern. Dann wird der Ansporn natürlich noch größer.

Wie engagierst du dich?

Ich engagiere mich in der Präventionsarbeit des Landes Hessen: Es geht um Migrantenkinder, die es schwer haben, wenn sie nach Deutschland kommen und die Sprache nicht sprechen. Ich versuche, ihnen zu erklären, dass es wichtig ist, Ziele zu haben. Denn Sport ist wichtig für die Identifikation und verbindet. Das Ministerium hat mich als Botschafter gewonnen, und ich mache das sehr gerne.

Ich arbeite nicht nur in Sportvereinen, sondern auch in Schulen – mit kleinen Kindern, Schülern, Jungs und Mädchen. Meine Aufgabe ist, ihnen zu zeigen, dass Sport vermittelt und Nationen verbindet. Denn der Sport verbindet die Menschen, egal, ob man aus Afrika oder Südamerika kommt oder eine schwarze, weiße oder grüne Hautfarbe hat.

| Zur Person |

Ioannis Amanatidis (* 3. Dezember 1981) ist ein griechischer Profi-Fußballer, der seit 2005 für Eintracht Frankfurt auf dem Platz steht.

Ioannis kam als Neunjähriger mit seinen Eltern nach Stuttgart, wo er 2002 beim VfB Stuttgart seine Karriere als Bundesligaprofi begann.

Ich bin so wie alle anderen!

Mimoun Azaouagh spielte 2004 bei der U21-Europameisterschaft für Deutschland.

Was bedeutet Respekt für dich?

Für mich bedeutet Respekt oder Toleranz: Egal, aus welchem Land jemand kommt oder welcher Religion er angehört – ich respektiere den Menschen so, wie er ist.

Hattest du ein besonderes Erlebnis zum Thema Respekt?

Da ich im Profifußball tätig bin, bekomme ich von vielen Seiten sehr viel Respekt entgegen gebracht. Das ist positiv! Aber ich stelle mir manchmal die Frage, wie es wäre, wenn ich kein Fußballer wäre …

Es ist ja so, dass über uns als Fußballer gesprochen wird – und je nachdem, wie wir am Wochenende gespielt haben, so wird am nächsten Tag darüber berichtet: Spielt man gut, wird positiv berichtet, spielt man schlecht, bekommt man negative Schlagzeilen. Man sollte aber ausschließlich die Arbeit als Fußballer kritisieren und nicht den Menschen. Denn man muss den Menschen respektieren, wie er ist.

Was bedeutet Respekt in den verschiedenen Kulturen?

Ich bin in Deutschland aufgewachsen, bin aber von meinen Eltern moslemisch erzogen worden. Ich bin stolz darauf, aus Marokko zu kommen. Aber ich bin auch stolz darauf, in Deutschland aufgewachsen zu sein. Denn die Chancen, die ich hier gehabt habe – ich weiß nicht, ob ich die in Marokko auch gehabt hätte.

Sicherlich fehlt der Jugend heute in Deutschland der Respekt gegenüber den Älteren. In Marokko ist das anders: Dort wird der Ältere immer respektiert. Wenn man zum Beispiel im Bus sitzt, steht der Jüngere auf und macht dem Älteren Platz. Das sollte überall der Fall sein!

Wie hoch sind Druck und Verantwortung für dich als Prominenter?

Ich wurde so erzogen, dass man vor jedem Menschen Respekt haben sollte. Man soll Menschen tolerieren, man darf nicht einfach urteilen über die Herkunft oder über Menschen mit anderer Hautfarbe. Für mich hat sich das nicht geändert – aber ich weiß nicht, wie andere Leute darüber denken.

Ich bin genauso, wie alle anderen. Ich bin der Zweitälteste und ich habe eine große Familie. Wir reden viel und quatschen viel. Wenn ich nach Hause komme, wird Fußball beiseite gelegt. Es interessiert auch niemanden dort, ob ich Profi-Fußballer bin oder nicht. Ich bin dort einer von denen – und deswegen bin ich froh, so eine große Familie zu haben!

| Zur Person |

Mimoun Azaouagh (* 17. November 1982 in Marokko) ist ein deutscher Fußballspieler. Seine Stationen: FSV Frankfurt, dann Eintracht Frankfurt, danach Mittelfeldspieler bei 1. FSV Mainz 05, dann FC Schalke 04. Heute spielt er beim VfL Bochum.

Mimoun Azaouagh im Gespräch mit seinem Berater Klaus Gerster.

Respekt!
Kein Platz für Rassismus
www.respekt.tv

Respekt heißt, keine Angst zu haben

Bodo Bach spricht immer Hessisch und trägt eine Batschkapp.

Wie definierst du Respekt?

Im Grunde geht es bei Respekt doch nur darum, dass man Achtung hat. Und dass man jemanden so nimmt, wie er ist und nicht irgendwie versucht, ihn geradezubiegen. Dass man Rücksicht nimmt auf seine Schwächen und von seinen Stärken lernt. Respekt heißt: dem Anderen ins Gesicht zu schauen und keine Angst zu haben.

Comedy und Respekt – geht das zusammen?

Natürlich hat man als Comedian den Auftrag, lustig zu sein. Aber die wirklichen Comedians sind oft todernste Menschen. Sie machen sich wahnsinnig viele Gedanken, weil wir ja aus dem Leben schöpfen. Das heißt, du musst erst den wirklichen Blick für das Leben haben, um dann zu überzeichnen und lustig zu sein. Und da wird man auch mal respektlos, man verletzt Tabus und muss auch jemandem mal wehtun. Der Klassiker ist die Torte im Gesicht: Das hat mit Respekt nichts mehr zu tun. Aber es ist Comedy.

Wie begegnen dir die Menschen im Alltag?

Die meisten Menschen, die auf mich zukommen, sind sehr freundlich. Manchmal gehen sie dir auf den Sack – wenn sie nicht mehr ganz nüchtern sind oder sich vor anderen darstellen wollen. Ganz blöd ist immer, wenn einer sagt: »Hau doch mal einen Witz raus. Du bist doch Komiker, sei doch mal lustig!«

Was denkst du über Toleranz?

Da habe ich in meinem privaten Umfeld was erlebt, was mir zu denken gibt. Ich behaupte mal, meine Freunde sind sehr tolerant und gebildet in dem Sinne, dass sie die verschiedenen Spielarten des Lebens kennen. Ich wohne am Stadtrand und in unserer Nachbarschaft sollte auf einem freien Gelände ein Asylantenwohnheim gebaut und eingerichtet werden. Und plötzlich habe ich gemerkt, dass viele, die vorher so tolerant taten, plötzlich ganz anders dachten, als es um das Asylbewerberheim vor der eigenen Haustür ging.

Da sollte sich jeder selbst fragen, ob er wirklich tolerant ist: Irgendwo am Kneipentisch zu erzählen, dass man gut mit Ausländern klarkommt, ist eine Sache. Aber mal zu fragen, ob ich wirklich neugierig auf fremde Menschen bin, ob ich auf sie zugehe – und was wäre, wenn sie meine Nachbarn wären – da fängt es an!

Wie gehst du auf Menschen zu?

Neugierde ist ganz wichtig. Keine Angst haben – viele Leute haben viel zu viel Angst. Vor was? Kennenlernen, sprechen und dann kann ich auch sagen »Du bist ein Arsch«, auch wenn er ein Farbiger ist. Aber dann ist er nicht ein Arsch, weil er schwarz ist, sondern weil er mir vom Denken her nicht passt. Das mache ich mit allen Leuten, die mir blöd kommen. Aber Hautfarbe, Sprache oder Herkunft haben damit überhaupt nichts zu tun.

| Zur Person |

Robert Treutel alias »Bodo Bach« (* 25. Oktober 1957) ist ein Comedian. Mittlerweile hat er als Bodo Bach und seinem »Isch hätt da gerne mal e Problem« mehr als 1.500 Scherzanrufe getätigt, die seine Gesprächspartner in die Verzweiflung getrieben haben.

Respekt!
Kein Platz für Rassismus
www.respekt.tv

Gebt Afrika eine Chance!

Liz Baffoe wurde durch die Lindenstraße bekannt, wo sie in fast 600 Folgen die Nigerianerin »Mary« spielte.

Was bedeutet Respekt für dich?

Egal, welche Herkunft man hat, egal, welchen Stand im Leben – es geht immer um Respekt und darum, dass man jemanden achtet. Man kann jemanden wegen seiner Persönlichkeit nicht mögen, aber man darf nie jemanden ablehnen, weil er eine andere Herkunft hat, anders aussieht oder sozial benachteiligt ist!

Sind die Rollen für eine schwarze Schauspielerin limitiert?

Ja, sehr limitiert. In der Lindenstraße habe ich eine Nigerianerin gespielt, die illegal in Deutschland lebte. Das war natürlich sehr klischeehaft, aber es war gut, dass die Rolle positiv besetzt war. Dadurch kamen die Leute in Berührung mit dem Thema – denn »Mary« war einfach eine sehr nette Person. Wenn sie irgendein Biest gewesen wäre, hätten die Leute gesagt: »Ja, DIE sind alle so«. Die Menschen verallgemeinern sehr schnell. Ich habe sehr positive Erfahrungen gemacht: Ich habe viele Briefe bekommen von Leuten, die gar nicht wussten, dass Menschen, die in Deutschland Asyl beantragen, so viele Schwierigkeiten haben. Da hat die Sendung wirklich aufgeklärt!

Natürlich würde ich ganz gerne mal eine Ärztin oder eine Rechtsanwältin spielen. Aber dann höre ich leider sehr oft von den Produzenten: »Ja, Liz, das gibt's doch in Deutschland gar nicht.« Und dann sage ich: »Hä? Natürlich gibt's das, viele meiner Onkel sind Ärzte und Rechtsanwälte!« Aber das ist leider noch nicht in den Köpfen angekommen.

Bist du stolz auf deinen großen Fußballer-Bruder?

Ich war immer stolz auf Tony und darauf, dass er mit den großen Spielern mitspielen durfte. Wenn meine drei Schwestern gerade in Deutschland waren, sind wir immer zum Spiel gegangen. Eins werde ich nie vergessen: Ich glaube, Köln hat gegen Nürnberg gespielt, und da hat ein kleiner Junge Affengeräusche gemacht, als wir drei Schwestern ins Stadion kamen. Meine ältere Schwester hat den Jungen gefragt: »Hast du einen Sprachfehler?« Da haben alle Leute gelacht und das Eis war gebrochen! Der Tony musste auch viel mitmachen während seiner aktiven Zeit: Er ist zum Beispiel mit Bananen beworfen worden. Aber er hat ja sehr viel Humor und hat das lustig kommentiert: »Bananen sind gesund und geben mir Energie. Vielen Dank dafür!«

Die WM in Südafrika – was denkst du?

Man hört so viel, dass es nicht sicher ist in Südafrika und dass in Angola leider dieser Anschlag war. Aber erstens findet die WM in Südafrika statt und nicht in Angola, und zweitens finde ich, dass Südafrika – Afrika an sich – eine Chance verdient hat. Gebt Afrika eine Chance!

Du hast nirgendwo eine hundertprozentige Sicherheit. Doch in Südafrika werden wir eine wundervolle, bunte, schöne, laute WM erleben und ich freue mich einfach drauf! Denn es ist Zeit, dass die vielen tollen Menschen dort eine Chance bekommen! Denn wir haben nicht alle die gleichen Chancen.

| Zur Person |

Liz Baffoe (* 6. Juli 1969) ist eine deutsche Schauspielerin mit ghanaischen Wurzeln. Ihr Bruder, der ehemalige Profi-Fußballer Anthony Baffoe, spielte unter anderem bei Fortuna Düsseldorf und dem 1. FC Köln.

Das ist ja fast wie in der Lindenstraße …

Vorspeisen
Antipasto Misto [Caprese, Gemüse, Scampi, Sardellen, Melone, Prosciutto] 9.80
11.40
12.80
14.80
Salate
Pasta

Manche Leute akzeptieren uns nicht

Ben und Ray haben große Pläne.

Was bedeutet Respekt für euch?

Ray Respekt ist die Achtung vor jedem einzelnen Menschen – egal, wie er aussieht, egal, wo er herkommt. Dass man jedem Menschen mit Achtung begegnet, ihm zeigt, dass er wichtig ist.

Ben Es ist egal, welche Hautfarbe man hat, wie alt man ist, ob der eine wie im Fußball 30 ist und der andere 17. Jeder sollte den anderen respektieren. Der 17-jährige den 31-jährigen und andersrum genauso.

Ray, beschreib uns bitte mal deinen ersten Einsatz beim 1. FC Köln – das war bestimmt aufregend …

In dieser Saison haben wir zuhause im RheinEnergie-Stadion gegen den VFL Bochum gespielt – und 2:0 gewonnen. Ich bin in der 87., 88. Minute eingewechselt worden, und als ich da am Rand stand – ich war so nervös. Obwohl das Spiel ja schon bald vorbei war! Und dann, als der Stadionsprecher die Ansage gemacht hat »Jetzt kommt der Spieler mit der Nummer 37 – Reinhold …« – und alle »Yabooooo« geantwortet haben – das war unglaublich! Und ich hatte dann sogar einen Ballkontakt.

Gibt es Vorurteile, wenn ihr erzählt, dass Ihr in der Nationalmannschaft spielt?

Ben Wenn ich bei Verwandten in Frankreich oder in Belgien bin, wundern sich die Menschen, wenn ich erzähle, dass ich deutscher Nationalspieler bin. Dann heißt es: »Hast du es nicht schwer?« Die haben ganz vergessen, dass die Hitlerzeit vorbei ist. Heute sind Schwarze, Türken, alle Nationen vertreten beim DFB. Die Nationalität ist schon lange egal beim DFB – Hauptsache, man kann Fußball spielen!

Ray Persönlich habe ich das wirklich noch nicht erfahren! Aber zur Europameisterschaft waren wir mal im Internet auf Seiten, auf denen stand: »Wie kann das sein, dass jetzt 3 farbige, dunkelhäutige Spieler in der Startformation stehen? Was ist nur aus Deutschland geworden, es ist nicht mehr das, was es mal war!«

Habt ihr sonst schon Erfahrungen mit Rassismus machen müssen?

Ray Beim Fußball in der U15 hatten wir noch einen schwarzen Kollegen in der Mannschaft. Er ist vom Gegenspieler übelst beleidigt worden. Dann hat er die Kontrolle verloren, hat zurückgelangt und die Rote Karte gesehen. Er war vier Wochen gesperrt und war so fertig. Das tat wirklich weh! Der Spieler, der ihn beleidigt hat, hat es zugegeben und hat sich nicht dafür geschämt und auch nicht entschuldigt. Das war kein schönes Gefühl.

Ben Ja. Als Dunkelhäutiger oder Ausländer hat man es irgendwo bei irgendwelchen Leuten immer schwer, weil die uns bis heute nicht akzeptieren – warum auch immer. Auf dem Fußballplatz hab ich das auch schon kennengelernt. Aber ich denke, wir sind jetzt alt und reif genug, dass wir so was wegstecken können und müssen.

| Zu den Personen |

Bienvenue »Ben« Basala-Mazana (* 02. Januar 1992) ist seit 2010 Lizenzspieler des 1. FC Köln und tritt mit der U19-Mannschaft an. Teamkollege Reinhold »Ray« Yabo (* 10. Februar 1992), unten, spielt im Kölner-Mittelfeld. Beide wurden mit der U17-Nationalmannschaft 2009 Europameister.

espekt!

Erziehung und Bildung kann man nicht kaufen

Thomas Berthold nahm an drei Weltmeisterschaften und einer Europameisterschaft teil.

Was bedeutet Respekt für dich?

Wenn du Kinder hast wie ich, musst du ihnen Werte vermitteln. Ich sage zu meinen Kindern: »Es gibt zwei wichtige Themen im Leben: Erziehung und Bildung! Denn das kannst du dir nicht kaufen, das hast du oder das hast du nicht!« Deshalb spielt Respekt eine große Rolle und so habe ich auch meine Kinder groß gezogen. Sie wissen immer, wie sie sich Leuten gegenüber im privaten oder schulischen Umfeld zu verhalten haben. Denn Benehmen und Respekt sind Grundtugenden, die man verinnerlichen und auch vorleben muss! Wir erleben ja leider den Werteverfall in unserer Gesellschaft, auch ist alles viel schnelllebiger geworden. Ich glaube schon, dass viele Leute mittlerweile das Rad ein bisschen zurückdrehen möchten – damit junge Leute mit ein paar Grundtugenden aufwachsen, die sie dann verinnerlichen.

Du bist 1990 Weltmeister geworden – wie war das damals?

Jede WM spielt sich in einer anderen Epoche ab: 1990 – so kurz nach dem Mauerfall – war das ein besonderes Ereignis, Weltmeister zu werden. Beide Teile Deutschlands waren vereint und haben gemeinsam gefeiert. Das Thema Respekt begleitet unsere Gesellschaft über viele Epochen – und durch das ganze Multi-Kulti leben wir mittlerweile in einer globalen Community! Nicht nur in Deutschland, sondern überall auf der Welt treffen Menschen aus unterschiedlichen Gegenden aufeinander, die verschiedene Mentalitäten mitbringen. Da muss man aufeinander zugehen, um fried- und respektvoll miteinander leben zu können. Das ist das große Ziel, das wir auf unserem Globus haben: dass der Krieg, den es noch in vielen Gebieten der Welt gibt, irgendwann mal eingedämmt wird. Die Menschen wollen eigentlich miteinander in Frieden leben – denn es kommt ja keiner auf die Welt und will Krieg machen!

Wie bewertest du das neue Gesicht der U21?

Es gibt Länder wie England und Frankreich, die schon seit Generationen verinnerlicht haben, dass es Menschen anderer Hautfarbe gibt, die in dem Land geboren sind und den Pass haben – da wird gar kein Thema draus gemacht. Ich finde es immer sehr überraschend, dass es bei uns immer thematisiert wird, wenn Spieler, bei denen ein Elternteil oder beide aus einem anderen Land kommen, mit dem deutschen Pass in der Nationalmannschaft spielen! Teilweise kommt mir das ein bisschen so vor, als ob wir bei dem Thema Multi-Kulti in Deutschland doch einen ganz großen Nachholbedarf haben.

Warum ist das so?

Deutschland hat fast 90 Millionen Einwohner, an der Population gemessen sind wir das größte Land in Europa. Und deshalb sollte man auch mal aufhören, immer ein Fass aufzumachen, wenn ein Spieler ausländische Verwandte hat. Wenn er gut ist, hier geboren ist oder den deutschen Pass hat, freuen sich alle! Das ist doch schön.

| Zur Person |

Thomas Berthold (* 12. November 1964) ist ein ehemaliger Profi-Fußballer. 1990 wurde er mit der Deutschen Nationalmannschaft Weltmeister. Seine Stationen waren Eintracht Frankfurt, Hellas Verona, AS Rom, FC Bayern München und der VfB Stuttgart.

»Der Gewinn der Weltmeisterschaft 1990, kurz nach dem Mauerfall, war das Größte für mich.«

WEIDENHOF
WIENER SCHNITZEL
Respekt!

Konkurrenzkampf gibt's nur auf dem Platz

»Zico« betreibt heute die Fußballschule ub13.de in Frankfurt am Main.

Wie definierst du Respekt?

Ich denke, dass Respekt in unserer Zeit wieder sehr, sehr viel Bedeutung bekommen sollte – denn Respekt ist meiner Meinung nach ein bisschen untergegangen. Wir sollten wieder untereinander und miteinander Respekt haben. Wenn man eine Jugendmannschaft trainiert, gehört einfach auch Respekt dazu: Die Kinder und die Eltern haben Respekt vor uns, wir verhalten uns respektvoll gegenüber den Kindern und den Eltern.

Fußball wird immer internationaler …

Ich habe viele Fußballer kennen gelernt, die verschiedene Hautfarben haben – man sollte da einfach den Respekt untereinander wahren. Natürlich gibt es verschiedene Kulturen, die die Fußballer mitbringen: Sie kommen aus China, Asien, sie kommen aus Afrika. Doch man sollte immer diesen Respekt wahren denen gegenüber, die zu uns kommen. Aber ich denke auch, dass es umgekehrt genauso sein sollte. Auch unsere Kultur und unsere Lebensweise sollten respektiert werden.

Hast du dich schon mal respektlos verhalten?

Ich habe mal eine Situation mit Jay-Jay Okocha gehabt im Training, wo wir uns ein bisschen gekabbelt haben. Das war natürlich Konkurrenzkampf, da ist immer auch ein bisschen Stress dabei – und daraus ist eine Bilderszene in der Zeitung entstanden, die dann ein bisschen hochgespielt worden ist. Aber für uns war das nach dem Training vorbei und vergessen. Wir haben uns die Hand gegeben und sind wieder respektvoll miteinander umgegangen – so, wie sich das gehört. Es war der Konkurrenzkampf auf dem Platz, aber nach dem Training war eben alles wieder vorbei.

Wie erziehst du deine Kinder?

Ich versuche natürlich schon, meine Kinder respektvoll zu erziehen. Dass sie Respekt vor mir haben, aber dass sie sich auch gegenüber den Nachbarn, gegenüber Onkel und Tanten respektvoll und vernünftig verhalten. Sie sollen nicht etwas sagen wie: »Ey, Cooler, komm mal her«. Ich finde, das gehört sich einfach nicht! Wir respektieren unsere Kinder und erziehen sie ohne Rohrstock oder solche Dinge. Also ganz normal und höflich.

Wie respektvoll verhalten sich Trainer untereinander?

Wir Trainer gehen respektvoll miteinander um, denn das ist ganz wichtig. Als Kollegen gehen wir respektvoll miteinander um, denn man muss sich tolerieren – man arbeitet ja zusammen. Und dann ist es sehr, sehr wichtig, dass man vernünftig miteinander umgeht.

| Zur Person |

Uwe »Zico« Bindewald (* 13. August 1968) ist ehemaliger Profi-Fußballer. Zico spielte 17 Jahre lang für Eintracht Frankfurt und wird bis heute von den Frankfurter Fans verehrt. Er bestritt 263 Spiele in der 1. Bundesliga und 28 Spiele im DFB-Pokal.

Uwe Bindewald trainiert die D2 des JFC-Frankfurt mit viel Spaß.

Respekt!
Kein Platz für Rassismus
www.respekt.tv

Fremden Kulturen Respekt zollen

Juergen Boos ist Buchhändler und Betriebswirt.

Was bedeutet Respekt?

Respekt ist eine ganz persönliche Sache: Wie geht man mit anderen Menschen um? Wie geht man mit anderen Gedanken um? Kann man Themen akzeptieren, die man selbst gar nicht vertritt?

Gibt es auf der Buchmesse Probleme mit Vorurteilen?

Die Buchmesse ist ein Marktplatz von Ideen – es sind zum Beispiel mehr als 110 Länder auf der Messe vertreten. Da sind auch immer wieder Leute dabei, die eine abweichende Meinung haben von den Leuten vom »Nachbarstand«. Die kriegen sich durchaus mal in die Haare. Das erleben wir immer wieder.

Was hat sich im digitalen Zeitalter verändert?

Ich glaube, dass heute wesentlich offener miteinander umgegangen wird und man viel mehr Möglichkeiten hat. Ob man sich bei Youtube Filme anschaut oder sich über Facebook unterhält – man erfährt viel mehr von den anderen. Aber man muss dadurch auch viel toleranter und offener sein als früher.

Buchmesse 2009, der Eklat um das Gastland China – wie hoch war der Druck auf Sie?

Das passt sehr gut zum Thema »Respekt«: Für uns von der Buchmesse ist es ganz wichtig, fremden Kulturen Respekt zu zollen. Auch wenn diese eine andere Meinung als wir haben. Bei China ging es sehr stark um die eingeschränkte Meinungsfreiheit. Das öffentlich zu machen, war eine unserer Aufgaben. Doch das wurde heftigst kritisiert. Aber dafür muss man einstehen. Ich denke, es ist eine lohnenswerte Aufgabe, für solche Themen eine Öffentlichkeit zu schaffen.

Wie entsteht vorurteilsbehaftetes Denken?

Wenn man alles Fremde als Bedrohung erachtet, als einen Einbruch in sein normales Leben, dann entstehen solche Situationen. Aber ein großes Thema ist auch geschlechtsspezifisch: Wie werden Frauen wahrgenommen und respektiert? Eine Verlegerin aus Indien erzählte, dass dort noch vor zwei Jahren eine junge Frau von Anfang 30 ihren Vater um ein Visum bitten musste, um ins Ausland reisen zu dürfen. Die Visastelle wollte eine schriftliche Bestätigung von ihrem Vater, dass sie allein ins Ausland darf. Das Geschlechterthema hat sehr viel mit Respekt zu tun. Denn wo finden Diskriminierungen statt? Es ist nicht nur die Hautfarbe, sondern häufig auch das Geschlecht oder die Religion.

Wie kann man die Verständigung zwischen den Menschen fördern?

Kürzlich diskutierte ich mit einem Botschafter darüber, was wir tun können, damit die Länder ein richtiges Bild voneinander haben. Ich denke, dass man den Austausch untereinander unterstützen muss – den Schüleraustausch oder das Auslandsstudium. So erfahren die jungen Leute, was es heißt, in einem anderen Land zu leben. Die Menschen sollten möglichst offen sein, Dinge ausprobieren und keine Angst vor Fremden haben. Das ist das Entscheidende.

| Zur Person |

Juergen Boos (* 9. Mai 1961) ist seit 2005 Direktor der Frankfurter Buchmesse, dem weltweit bedeutendsten Handelsplatz für Bücher, Medien, Rechte und Lizenzen.

Auf der Frankfurter Buchmesse sind mehr als 110 Länder vertreten.

Respekt!

Ich habe Respekt vor Lebensleistungen

Heribert Bruchhagen arbeitete im früheren Leben als Lehrer am Gymnasium.

Welche Rolle spielt Respekt in Ihrem Leben?

Ich bin auf dem Land aufgewachsen und habe früh gelernt, Respekt zu haben. Oft wird der Begriff Respekt in Zusammenhang mit Rassismus gebracht – dass man andere ethnische Gruppen zu respektieren hat. Das ist eine Selbstverständlichkeit. Ich sehe Respekt in erster Linie darin, dass ich vor der individuellen Lebensleistung eines Menschen Respekt habe: vor einem Bäcker, vor einem Kfz-Schlosser, vor einem Familienvater, vor jemandem, der Verantwortung im Leben übernimmt! Und ich bemühe mich, im Umgang mit allen Menschen diese respektvolle Grundeinstellung zu praktizieren.

Gibt es Probleme mit rechtsextremen Fans bei der Eintracht?

Wir haben verschiedene Probleme mit unseren Fans, auch im Hinblick auf Respektlosigkeit. Aber rassistische Äußerungen habe ich in den fast zehn Jahren, die ich bei der Eintracht bin, noch nie erlebt. Unsere Fans sind weit davon entfernt, rechtsextremistisch zu sein – zum Glück habe ich dieses Phänomen hier im Stadion noch nicht erlebt.

Ich will es nicht grundsätzlich ausschließen, aber die Frankfurter Fanszene zeichnet aus, dass sie ein hohes Maß an Liberalität hat. Das bedeutet noch lange nicht, dass wir keine Konflikte haben. Aber ich bin stolz darauf, dass unsere Fanszene mit Rechtsradikalismus und Rassismus sehr wenig zu tun hat.

Welche Personen reagieren respektlos auf Schiedsrichter, Trainer etc.?

Die Personen, die äußerst aggressiv auf den Schiedsrichter oder auf den Trainer zugehen, haben auch im Privatleben große Probleme. Der normale Fußballspieler, Fußballfan und Bürger sagt: »Er ist heute aber schlecht!« oder »Der ist gut!«. Aber er würde nie einen Schiedsrichter beleidigen oder aggressiv auf andere Personen einwirken.

Kind sein heute und früher – gibt es Unterschiede?

Ich hatte das Glück, in den 50er Jahren aufgewachsen zu sein – ohne Fernsehen, ohne Auto der Eltern und auch ohne Zentralheizung. Das hat uns eine Kreativität gegeben im Umgang mit der Natur, die heute Kindern nicht mehr ermöglicht wird. Das tut mir ausgesprochen leid.

Auf der anderen Seite ermöglicht die moderne Technik den jungen Menschen heute Informations- und Bildungszugänge, die uns damals vollständig verschlossen waren. Es haben sich viele Dinge zum Positiven gewandelt – aber trotzdem haben die 50er Jahre mit all ihrer Bescheidenheit etwas Faszinierendes.

| Zur Person |

Heribert Bruchhagen (* 4. September 1948) ist seit 2003 Vorstandsvorsitzender von Eintracht Frankfurt. Der Lehrer für Sport und Geografie war schon für Schalke 04, dem Hamburger SV und Arminia Bielefeld tätig.

Der Lieblingsplatz von Heribert Bruchhagen ist in der Commerzbank-Arena.

Respekt!
Kein Platz für Rassismus

Jeder Mensch trägt 200 Gramm Scheiße in sich

Ralph Caspers mag eckige Brillen.

Wie definierst du Respekt?

Respekt ist, wenn man nie vergisst, dass der andere, mit dem man was zu tun hat, auch ein Mensch ist und ihn nicht wie ein Arschloch behandelt, sondern eben wie einen Menschen.

Was ist das Hauptziel eurer Sendung?

Unterhaltung ist eines der Hauptziele. Das andere ist, dass wir die Zuschauer anregen, mit offenen Augen durch die Welt zu gehen und die vielen interessanten Sachen zu sehen. Und selbst, wenn man was nicht weiß, ist es keine Schande, das zuzugeben. Man muss einfach nur wissen, wo man die Antwort herbekommt, und neugierig sein auf alles, was einen umgibt. Wenn wir das bei den Zuschauern rauskitzeln können und sie dazu anregen, die Sachen, die wir machen, auszuprobieren, wäre das perfekt!

Wie hältst du es mit Respekt?

Ehrlich gesagt habe ich diesen Begriff nie benutzt. Ich bin im Grunde relativ respektlos gegenüber Titeln und Institutionen – aber immer respektvoll Menschen gegenüber. Wenn ich zum Beispiel mit der Bundeskanzlerin sprechen würde, würden mir nicht die Knie schlottern vor Respekt oder weil ich Angst hätte, ich würde was falsch machen. Ich würde ihr genau die gleichen Sachen sagen, die ich auch meinen Freunden sage: eben was mir nicht passt oder was mir gut gefällt. Ansonsten haben meine Eltern immer gesagt: »Egal, wie toll und großartig oder attraktiv oder schön oder intelligent ein Mensch ist, er trägt immer ganz tief im Inneren 200 Gramm Scheiße mit sich rum. Das sollte man nicht vergessen!«

Denken Lehrer schlecht über eure Sendung?

Nö, die finden das okay. Sie finden es nur schwierig für ihre Situation, weil sie in der Schule nicht das bieten können, was wir im Fernsehen bieten. Was ja klar ist, denn wir sind nicht alleine: Wir sind mit 50 Leuten im Studio und man sieht nur Shary und mich. Der Lehrer ist der Einzige, den man sieht und der für den Unterricht sorgen muss. Wir machen Unterhaltung, und die haben einen Lehrplan, den sie durcharbeiten müssen.

Behandelt ihr ab und zu das Thema Rassismus?

Eigentlich nicht, denn wir gehen ganz normal miteinander um. Wir behandeln es vielleicht indirekt – es ist okay, wenn man als blasser Typ mit einer Frau was zusammen macht, die eine gesündere Gesichtsfarbe hat. Denn es kommt nicht darauf an, welche Haarfarbe sie hat oder was für eine Frisur oder ob ich eine Brille trage oder grüne Augen habe – das ist total egal.

Manchmal witzeln wir sogar auf unsere eigene Art und Weise. Dann sage ich zu Shary: »Ich seh' Schwarz«. Und sie sagt »Ich seh' Weiß«. Das ist unsere Art, wie wir mit dieser Nicht-situation umgehen – es ist nicht wert, dass man darüber spricht!

| Zur Person |

Ralph Caspers (* 14. Dezember 1972) ist Fernsehmoderator, Autor und schreibt Drehbücher. Seit 2001 moderiert er zusammen mit Shary Reeves das Wissensmagazin »Wissen macht Ah!« bei ARD und KI.KA.

»Ich will die Zuschauer anregen, mit offenen Augen durch die Welt zu gehen.«

Respekt!
Kein Platz für Rassismus
www.respekt.tv

Ich nehme alles auf die Schippe

Bülent Ceylan gewann 2009 den Deutschen Comedypreis als bester Newcomer.

Was bedeutet Respekt für dich?

Ich habe ja mal Philosophie studiert – es gibt den Philosophen Immanuel Kant und den kategorischen Imperativ. Und der heißt: Handle so, dass die Maxime deines Willens jederzeit als allgemeine Gesetzgebung gelten könnte. Das heißt auf gut Deutsch: Was ich selbst nicht haben möchte, tue ich auch keinem anderen an. Gestern zum Beispiel hatten die Techniker einen 15-jährigen Praktikanten dabei. Die haben mit dem geredet wie mit einem kleinen Jungen. Aber ich habe zu ihm gesagt: »Pass auf, ich rede mit dir wie mit jedem anderen – egal, ob der jetzt 15 oder 30 ist!« Der Teenager ist richtig aufgeblüht. Ich weiß selbst, wie es war mit 14, und wie Erwachsene einen behandelt haben: »Na du Kleiner, warte mal ab. In ein paar Jahren bist du anders.« Nein, bin ich nicht! Das war respektlos! Oder wenn man die erste Freundin hatte – das ist doch schön, lass ihn doch und sage nicht: »Warte mal ab, da kommen noch mehrere!« Das sind Sprüche, die ich hasse.

Deutsche und Türken – wie gehst du bei deinen Auftritten auf der Bühne damit um?

Ich nehme das alles auf die Schippe. Ich frage am Anfang: »Sind Türken im Publikum?« Dann melden sich ein paar und winken. Dann sage ich: »Das ist ja schon sehr integriert!« Früher hast du gefragt, sind Türken da und da hieß es – hey, was is Alta, auf die Fresse! Jetzt winken sie. Gottseidank machen sie keinen Hitlergruß, denn das wäre schon zu integriert. So nehme ich ein bisschen Spannung weg! Auf einer Veranstaltung war mal eine Frau mit Kopftuch. Alle haben drauf geachtet, ob diese Frau lacht. Denn jeder meinte, sie ist bestimmt sehr konservativ, religiös und lacht über gewisse Gags nicht – weil sie ein Kopftuch trägt. Sie hat aber aus der Seele gelacht und alle haben gestaunt. Am Ende der Show hab ich gesagt: »Jetzt könnt ihr dieser Frau einen Riesenapplaus geben beziehungsweise euch selbst an den Kopf fassen – denn ich bin mir ziemlich sicher, dass ihr das nicht erwartet habt.« Und das hat so viel gelöst!

Hast du selbst schon Erfahrungen mit Rassismus gemacht?

In der Grundschule hat mal einer zu mir gesagt: »Du Türk!« Ja, mein Vater ist Türke, meine Mutter ist Deutsche. Aber er hat es als Schimpfwort benutzt – so wie »Nigger«. Ich finde es auch nicht gut, wenn Schwarze sich Nigger nennen, wie die Hip-Hopper. Brother oder Bruder ist was anderes, das sagen wir auch im Türkischen. Hier kommen wir wieder zu Respekt. Wenn ich zum Beispiel über meinen polnischen Techniker sage: »Das ist ein guter Pole – er fährt mit meinem Auto und kommt zurück!« dann ist das was anderes – das sehen die Leute auch so. Im Grunde kriegt jeder sein Fett ab: Ich mache mich selbst fertig, mache meine Herkunft fertig, mach alles fertig – und mache in verschiedenen Rollen auch andere fertig. Und so halte ich den Leuten den Spiegel vor.

| Zur Person |

Bülent Ceylan (* 4. Januar 1976) ist Comedian mit deutschen und türkischen Wurzeln. Seit zehn Jahren ist er mit seinen verschiedenen Programmen auf deutschen Kabarettbühnen und im Fernsehen zu sehen.

»Ich mag es nicht, wenn Schwarze sich Nigger nennen.«

PRODUZIER
MICH NET!
Respekt!
Kein Platz für Rassismus
www.respekt.tv

In Respekt stecken Würde und Toleranz

Jörg Dahlmann hat sein Hobby zum Beruf gemacht.

Was bedeutet Respekt für dich?

In Respekt stecken Würde und Toleranz: Es ist wichtig, dass jeder Mensch dem anderen Menschen gegenüber Respekt zollt und Toleranz ausübt. Diese Begriffe sind sehr dicht beisammen.

Wie war das, als Anthony Yeboah und Jay-Jay Okocha nach Frankfurt kamen?

Das war eine fantastische Zeit! Yeboah und Okocha waren Idole, als sie bei Eintracht Frankfurt gespielt haben. Die Kinder wollten Tony oder Jay-Jay sein! Ich glaube, dass die beiden ihren Teil dazu beigetragen haben, dass Dinge wie Rassismus heute nur noch ein kleines Thema sind.

Hat sich Respekt verändert?

Als ich klein war, hatten wir viel größeren Respekt vor unseren Eltern als die Kinder heute. Auf der anderen Seite will ich das aber mit einem anderen Selbstbewusstsein beschreiben: Früher waren Kinder geradezu hörig und fast schon Leibeigene. Heute hat sich da einiges gewandelt. Wenn ich zum Beispiel meiner Tochter sage: »Geh doch mal raus und mäh den Rasen« würde sie mich angucken, wie ein Alien! Aber das hat auch was Gutes – Kinder sind heute mündige Menschen!

Gibt es heute mehr Probleme in der Schule?

Es ist ein großes Problem entstanden für Kinder – gar nicht mal so sehr in Familien, sondern die Probleme entstehen inzwischen auf Schulhöfen. Da geht es richtig heftig zur Sache. Es ist ein Konfliktpotenzial entstanden, das gelöst werden müsste. Da fehlt möglicherweise Respekt vor dem anderen. Wenn ich höre, Mobbing geschieht von Kindern auf Schulhöfen, dann denke ich, dass da dringend etwas getan werden müsste.

Hat das Fernsehen etwas zur Integration beigetragen?

Meine Kinder sind befreundet mit Kindern türkischer, iranischer oder afrikanischer Herkunft – da hat sich vieles gewandelt und vieles ist normaler geworden. Heutzutage hat sich natürlich auch durchs Fernsehen viel verändert: Als ich klein war, gab es ARD und ZDF, die um 17 Uhr mit dem Programm angefangen haben. Ich glaube, dass das Fernsehen viele Dinge gefördert und viele Grenzen abgebaut hat. Geschichten im Fernsehen ohne Gewaltpotenzial können positive Dinge bewirken.

Wie multikulturell ist Deutschland?

Ich weiß noch genau, wie ich das erste Mal in meinem Leben einen dunkelhäutigen Menschen gesehen habe. Ich war völlig baff, ich habe gar nicht begriffen, was da passiert! Heute hat sich so viel verändert und ist besser geworden in der Welt. Das war leider in der Generation vor mir noch ganz anders – die haben viele Probleme mit sich rumgetragen mit Ausländern und Integration. Mit meiner Generation sind schon viele Fortschritte erzielt worden und erst recht bei unseren Kindern, die mit einer gewissen Normalität aufwachsen, dass die Völker miteinander verschmelzen und es gar keine großen Unterschiede mehr gibt.

| Zur Person |

Jörg Dahlmann (* 10. Januar 1959) ist ein deutscher Fußballkommentator. Er moderierte viele Bundesligaspiele, unter anderem für ZDF, Premiere, Sport1 und Sat.1.

»Meine Kinder sind mit Kindern türkischer, iranischer und afrikanischer Herkunft befreundet.«

Respekt!
Kein Platz für Rassismus
www.respekt.tv

Idole zeigen Fans den richtigen Weg

Der brasilianische Fußballspieler »Dante« begann seine Karriere beim Esporte Clube Juventude in Brasilien.

Was bedeutet Respekt für dich?

Respekt bedeutet, dass einer dem anderen hilft. Außerdem geht es darum, auch mal Fehler der anderen zu akzeptieren und den Menschen gegenüber immer hilfsbereit zu sein.

Gibt es Fremdenfeindlichkeit in Brasilien?

In Brasilien gibt es eine große Vielfalt von Menschen mit unterschiedlichen Hautfarben. In unserem Land gibt es auch Hass, der sich zum Beispiel im Rassismus den Weißen gegenüber zeigt und andersrum. Leider haben wir in Brasilien auch viel Gewalt, und leider ist der größte Teil der Gewalttätigen schwarz. Gerade hier müssen wir helfen, damit die Gewalt aufhört.

Hast du Respekt vor der großen Vergangenheit von Borussia?

Klar, damals war ich noch nicht geboren. Ich weiß ein wenig über die Vereinsgeschichte und über die erfolgreichen 70er Jahre, die den Fans große Freude bereitet haben. Eine Mannschaft mit europäischen Titeln – das ist schon eine tolle Sache. Besonders mit großen Spielern wie Bonhoff oder Effenberg zum Beispiel. Also ein wenig kenne ich die Geschichte, und mir ist bewußt, in was für einem großen Club ich spiele. Leider ist diese Zeit schon ein bisschen her, aber Schritt für Schritt, langsam wollen wir wieder dahin kommen.

Welche Bedeutung haben Idole im Fußball für dich?

Wenn man sich bestimmte Situationen anschaut, kann man viele Einzelheiten kritisieren. So wie in Frankreich zum Beispiel, da wurde Zidane für sein Verhalten im Finale der WM kritisiert oder Thierry Henry für sein Handspiel. Aber eines ist sicher: Ab dem Moment, wo du zum Idol wirst, musst du deinen Fans den richtigen Weg zeigen. Als Idol musst du immer aufpassen, was du tust und was dein Tun für Reaktionen auslösen kann.

| Zur Person |

Dante Bonfim Costa Santos (* 18. Oktober 1983), genannt »Dante«, spielt seit 2008 bei Borussia Mönchengladbach als Abwehrspieler. Seine Frisur hat in Mönchengladbach Kult-Status erlangt.

Fans kommen regelmäßig mit Dante-Frisuren oder -Perücken ins Stadion.

Respekt!
Kein Platz für Rassismus
DANTE
31

Alle Leute können miteinander leben

Bakary Diakité spielt für die malische Nationalmannschaft.

Was bedeutet Respekt für dich?

Respekt ist ziemlich schwer zu definieren, weil Respekt sich aus verschiedenen Dingen zusammensetzt, wie zum Beispiel Höflichkeit, Anerkennung, Verantwortung, Toleranz und Beachtung. Respekt ist für mich ein Zusammenspiel aus diesen verschiedenen Dingen.

Hattest du schon Erlebnisse mit Fremdenfeindlichkeit?

Auf dem Platz ist es jetzt schon länger her, dass ich dumm angemacht wurde wegen meiner Hautfarbe. Viele Deutsche denken, dass anders aussehende Menschen nur in Deutschland schlecht behandelt oder beschimpft werden. Aber das Problem gab es auch in Frankreich und in Holland, wo ich auch gespielt habe.

Was bedeutet Respekt in verschiedenen Kulturen?

Die Kulturen, die ich kenne, haben viele Dinge gemeinsam – zum Beispiel den respektvollen Umgang. In Mali hat man sehr großen Respekt vor den Älteren. Das hat vielleicht was mit der Lebenserfahrung zu tun: Ältere Leute sind reifer, sie sind die besseren Ansprechpartner in gewissen Situationen und bei Problemen, die sich einem stellen.

Lebst du in zwei Welten?

Wenn man interkulturell erzogen wurde, bekommt man von verschiedenen Kulturen etwas mit. Man lernt, dass es nicht nur diese eine Art auf der Welt gibt und muss die Unterschiede überwinden. Es gibt so viele Gemeinsamkeiten auf der Welt – alle Leute können miteinander leben, egal, wie groß die Unterschiede auch sein mögen. Große Unterschiede gab es bei meinen Eltern zum Beispiel nicht: Sie sind immer noch glücklich verheiratet und ich hoffe, dass das so weitergeht. Eine Vermischung von verschiedenen Kulturen bringt auch ein gewisses Verständnis, eine gewisse Toleranz – diese gewisse Anerkennung und Verantwortung anderen gegenüber.

Du bist Moslem und Profi-Fußballer ...

In den Vereinen, in denen ich gespielt habe, habe ich wenig schlechte Erfahrungen gemacht. Ich denke, dass das auch eine Art Respekt ist, mit anderen Leuten umzugehen. Wenn man eine Mannschaft sieht: Da spielen nur elf, aber insgesamt kommt man auf 40-50 Leute, mit denen man täglich zu tun hat. Die kommen aus allen möglichen Ländern der Welt, und alle verstehen sich gut. Da sieht man, dass Herkunft, Religion oder Überzeugung in den Hintergrund treten und man als Team oder als Mannschaft gut funktionieren kann!

Wie ist das in der malischen Nationalmannschaft?

Das ist ein gutes Beispiel für Respekt in Mali: Es gibt wenige Spieler, die wirklich noch in Mali spielen. Die meisten sind in Europa, viele spielen in den richtig guten europäischen Ligen. Wir kommen alle zusammen, wir sitzen an einem Tisch, egal, wo der Einzelne spielt. Und man merkt, irgendwie respektieren sich alle, irgendwie kommen alle wieder »auf den Boden der Tatsachen« zurück. Man kennt sich und respektiert den anderen.

| Zur Person |

Bakary Diakité (* 9. November 1980) ist Profi-Fußballer und hat eine deutsche Mutter und einen malischen Vater. Der Offensiv-Allrounder spielte in Deutschland bei Eintracht Frankfurt, VfL Bochum, SV Wehen, 1. FSV Mainz 05 und TuS Koblenz. Er ist heute beim FSV Frankfurt.

Bakary war auch Botschafter der Aktion »Kein Platz für Rassismus!«.

Respekt!
Kein Platz für Rassismus
www.respekt.tv

Respekt habe ich durch das Schreiben gelernt

Tilman Döring ist ein echter Wortakrobat.

Was bedeutet Respekt für dich?

Respekt habe ich durch das Schreiben kennengelernt. Ich habe immer viele Menschen getroffen, die auch schreiben, und jeder macht das anders: Jeder schreibt anders, jeder trägt anders vor, und jeder hat andere Ansichten. Dadurch, dass ich schon relativ lange auf der Bühne stehe und ziemlich viele Leute mit unterschiedlichen Sachen sehe, bedeutet für mich Respekt, dem anderen zuzuhören und den anderen zu akzeptieren. Ob ich den Text und das, was er macht, gut finde oder nicht, ist die andere Sache. Denn es gibt Sachen, die finde ich nicht gut, aber ich hör dem anderen zu und ich störe ihn nicht in seinem Vortrag. Und das lässt sich natürlich anwenden auf ganz viele andere Bereiche im Leben – dem anderen zuzuhören, dem anderen seinen Raum zu geben, so zu sein, wie er ist. Das halte ich für wichtig!

Es ist ein reißender Faden in unserem Band der Geschichte/
Es bleiben unheilbare Narben am Rand der Berichte/
Ich höre es täglich beim Checken der News/
Es heben angeblich noch immer Menschen ihre Hände zum Gruß/
Es ist ein Treten und Schlagen im scheinbar nie endenden Loop/
Vergeblich sind Fragen nach Sinn, Schuld und wer so was tut/
Es geht nicht darum, Täter und Opfer beim Namen zu nennen/
Sondern darum, den Grund für all diese Taten zu kennen/
Der Grund liegt am Grund des Gewässers aus Angst/
Die Vernunft scheint geknebelt durch Messer und Guns/
Ertränkt in dem Sumpf und verendet im Schlamm/
Der schmierig den Schein überdeckt, es herrsche noch Frieden im Land/
Es ist ein bleibender Fleck auf unser'm weißen Trikot/
Aus Hass zu dem Andern doch ich weiß nicht wieso/
Und was soll es bedeuten, dass alles an Bedeutung verlor/
Was einst sie uns lehrten von Gleichheit im einig singenden Chor/
Es steht ein Mann wie Baum in unser'm heiligen Tor/
Und lässt keinen rein, geschweige denn vor/
Und alles, was drin ist, muss raus zu den Andern/
Das Schiff auf das Meer, doch bloß nicht hier ankern/
Es ist leichter, Steine zum Schmeißen zu neh'm/
Als die zweite Seite der Schneide zu seh'n/
Man braucht keine Tafel, um in der Kreide zu steh'n/
Und es braucht kein Geschwafel, um überall Feinde zu seh'n/
Der eine klaut mir das Auto, der andre das Geld und die Frau/
Doch hast du die Frau doch betrogen und das Geld gabst du aus/
Deshalb hast du das Auto verkauft und haust jetzt auf den Anderen drauf/
Es ist ein tägliches Spiel und startet stetig von neu/
Ich höre es täglich beim Checken der News/
Es heben angeblich noch immer Menschen ihre Hände zum Gruß/
Doch mein ich, ich hab es allmählich gecheckt/
Woran es uns offensichtlich mangelt, ist nur der Respekt!

| Zur Person |

Tilman Döring (* 16. August 1989) macht Poetry Slam: In seinen Texten verbindet er Lyrik mit Hip-Hop, Geschichten mit Charme und Tragik mit Komik. Er mischt Rap mit Poesie und was sich sonst noch so aufdrängt.

Seit etwa fünf Jahren sind Poetry Slams, Kabarettbühnen und Theater seine Welt.

Respekt
Russisch

1954 gewannen wir die WM und Respekt

Peter Lohmeyer interviewt Horst Eckel, den Fußball-Weltmeister von 1954.

Lohmeyer Horst, ich hab dir gerade unseren Ansteckbutton »Respekt« an deine Jacke geheftet. Was verbindest du mit Respekt?

Eckel Respekt hab ich schon sehr früh gelernt, als ich anfing, Fußball zu spielen. Damals bin ich aus einem kleinen Pfälzer Dorf nach Kaiserslautern gegangen. Und dort hatte Fritz Walter das Sagen. Von ihm habe ich sehr viel gelernt. Ich bin dann auch sehr früh in die Nationalmannschaft gekommen. Da war wieder einer, der noch mehr auf Respekt geachtet hat.

Lohmeyer Sepp Herberger?

Eckel Richtig, Sepp Herberger. Von ihm hab ich sehr früh gelernt, was Respekt heißt.

Lohmeyer 1954 seid ihr dann Weltmeister geworden, was keiner erwartet hatte. Damals war Deutschland ja durch den Nationalsozialismus so ziemlich am Boden, kann man sagen. Aber dieser Titel hat die Nation dann wieder aufstehen lassen.

Es war aber noch mehr: Dieser Erfolg hat auch den Menschen in der Welt gezeigt, dass nicht alle Deutschen Kriegsverbrecher gewesen sind. Sie haben fast zehn Jahre nach Kriegsende etwas geschafft, was der Nation Deutschland auch wieder ein wenig Respekt in der Welt verschafft hat. Habt ihr als Mannschaft davon etwas gespürt, oder wie war das für euch Spieler, als »Verlierer-Nation« so plötzlich und so unerwartet zu gewinnen.

Eckel Ja, das war für uns eine ganz, ganz tolle Sache. Wir sind als krasser Außenseiter in die Schweiz gefahren. Mit uns hat niemand gerechnet, auch wir haben am Anfang nicht damit gerechnet, dass wir das schaffen. Erst als wir ins Endspiel kamen, da haben wir gesagt: »Jetzt wollen wir Weltmeister werden!« Was diese Weltmeisterschaft für unsere Nation und auch für uns bedeutete, das haben wir erst realisiert, als wir zurück in Deutschland waren.

Lohmeyer Hat sich euer Leben nach eurer Rückkehr verändert? Du bist ja vor der Weltmeisterschaft zum Bäcker einkaufen gegangen und danach auch. Sind dir die Leute beim Einkauf oder wo auch immer mit größerem Respekt begegnet oder hatte sich nichts verändert?

Eckel Ja, das stimmt, das Verhalten der Menschen hat sich verändert. Das habe ich auch bemerkt. Sie sind mir mit größerem Respekt begegnet, weil sie sich vielleicht gesagt haben, der Junge hat was gemacht, was sehr wichtig war. Vielleicht haben sie auch gedacht, was die Mannschaft gemacht hat, war sehr wichtig. Deutschland war ja auf der ganzen Welt politisch, wirtschaftlich und auch sportlich überhaupt nicht anerkannt. Und erst nach dieser Weltmeisterschaft, da haben die Leute ja gesagt »Nicht nur die Elf und Herberger sind Weltmeister geworden, sondern alle Deutschen sind Weltmeister geworden!« Das Wir-Gefühl war da. Und das hat uns auch sehr stolz gemacht.

Lohmeyer Ich finde es toll, dass dieser Respekt bis heute trägt. Ich merke aber auch, dass es verschiedene Formen von Respekt gibt. Als ich dir zum ersten Mal begegnet bin, als wir

| Zur Person |

Horst Eckel (* 8. Februar 1932) ist ehemaliger deutscher Profi-Fußballer. Er war Mitglied der deutschen Nationalmannschaft, die 1954 in Bern Weltmeister wurde. Er war der jüngste Spieler der Mannschaft und wurde wegen seiner Laufstärke und schlanken Statur »Windhund« gerufen. Mit dem 1.FC Kaiserslautern wurde der Mittelfeldspieler Eckel von 1949 bis 1960 zweimal Deutscher Meister.

Zwei die sich verstehen: Horst Eckel und Peter Lohmeyer auf der Trainerbank des 1. FC Kaiserslautern.

Deutsche
Vermögensberatung
Deutsche
Vermögensberatung
Deutsche
Deutsche

uns kennenlernten, da hatte ich mächtig Respekt vor dir, weil ich gewusst habe, dass du Weltmeister warst. Deshalb habe ich dich auch gesiezt. Das gebietet die Höflichkeit, die ja auch eine Form von Respekt ist: Personen, die man nicht kennt, redet man nicht einfach mit »Du« an. Zu wissen, wie man sich begrüßt, ist auch eine Art, Respekt zu zeigen. Höflich mit einem berühmten Menschen umgehen, heißt aber nicht, dass man vor ihm auf den Knien rutschen muss.

Du hast das dann aber toll aufgelöst. Weißt du noch, wie wir zum »Du« kamen?

Eckel Nee, das weiß ich nicht mehr.

Lohmeyer Ich weiß es aber noch. Wir saßen im Restaurant und du sagtest »Hör mal, unter Fußballern, da siezt man sich doch nicht!« So war das! Und dann hast du mir das »Du« angeboten. Auch wenn wir uns heute duzen, so habe ich aber diesen Respekt vor dir, vor dem, was du geleistet hast, den hab ich nicht verloren.

Es gibt allerdings auch einen »falschen Respekt«, den man auch unterwürfig oder ängstlich nennen könnte. Niemand sollte sich anderen Menschen gegenüber unterwürfig verhalten oder Angst vor jemandem haben. Egal wie berühmt oder wichtig die Person auch immer ist. Wer sich respektvoll verhält, ist höflich, aber nicht ängstlich.

Im Theater gibt es vergleichbare Situationen. Wenn ich mit einem Kollegen arbeite, der schon Don Carlos oder Hamlet gespielt hat, das erkenne ich an. Aber deshalb brauche ich keine Angst vor ihm zu haben. Er ist für mich ein Vorbild.

Junge Menschen sollten nicht aus lauter Ehrfurcht vor ihren Vorbildern versinken, sondern ihnen nacheifern und sagen: »Wir wollen auch Weltmeister werden«.

Eckel Ja, so haben sich die Jungs damals auch benommen. Das war auch ganz toll. Sie haben zugehört. Ich hab noch nie zu jemandem gesagt: »Sie müssen großen Respekt vor mir haben«.

Ich hab immer gesagt: »Ich bin Mensch, wir ihr auch.« Das bin ich auch geblieben und das möchte ich auch bleiben. Ich habe immer Respekt vor Fritz Walter und Sepp Herberger gehabt. Fritz Walter hat zu mir gesagt: »Wir sind doch Sportkameraden.« Bei Herberger war das wieder was ganz anderes. Vor ihm hab ich bis zum Schluss sehr großen Respekt gehabt. Aber nicht, weil ich Angst vor ihm gehabt hätte, das war nicht der Fall. Beide waren Menschen wie du und ich, wie jeder andere, wie meine Mitspieler.

Ich hab auch vor Ottmar Walter und Liebrich und allen anderen großen Respekt gehabt. Denn die hatten schon in der Nationalmannschaft gespielt, als ich dazu kam. Deshalb bin ich aber nicht in die Knie gegangen vor ihnen, das hab ich nicht gemacht. Aber gewissen Respekt muss man immer haben. Das ist wichtig.

Lohmeyer Und meinst du, einer von den Roten Teufeln hier hat die Chance, mal das zu erreichen, was du erreicht hast? Du hast sie ja heute auf dem Platz da gesehen.

Eckel Das kann man nie wissen. Als ich damals hier her gekommen bin, hat auch niemand dran geglaubt, dass ich mal Nationalspieler werde. Es hat auch niemand geglaubt, dass ich Weltmeister werde. Niemand, auch ich persönlich nicht. Aber ich bin es geworden. Und deshalb ist es sehr schwierig zu sagen, wer von diesen Jungs vielleicht ganz nach oben kommt.

Lohmeyer Horst, ich dank dir für das Gespräch. Ich habe Respekt vor dir!

Eckel Danke.

Respekt!
KARLSBERG

Respekt!

TechniSat

Die Werbebranche als Spiegelbild

Dirk Engel arbeitet als Mediaforscher bei der internationalen Media-Agentur Universal McCann.

Was bedeutet Respekt für dich?

Ich finde es wichtig, dass Respekt immer in zwei Richtungen geht: Nicht nur bin ich es, der von anderen Respekt erwartet, sondern ich muss mich auch anderen Leuten gegenüber respektvoll verhalten. Und das bedeutet ein bedingungsloses Akzeptieren unterschiedlicher Lebensstile, unterschiedlicher Weltanschauungen und Einstellungen. Von Respekt kann ich erst dann reden, wenn ich Leute, die völlig anders sind als ich, so akzeptiere, wie sie sind.

Was bedeutet Respekt in der Werbebranche?

Heute erwarten Kunden und Konsumenten, dass Unternehmen sie respektvoll behandeln, dass sie ihnen nicht irgend etwas verkaufen wollen, was sie nicht brauchen. Sie wollen tatsächlich, dass man auf Augenhöhe mit ihnen redet und sie als Konsumenten und als Menschen ernst nimmt. Das ist eine Veränderung im Marketing, die in den letzten Jahren begonnen hat und in den nächsten Jahren noch viel weiter fortschreiten wird.

Woran liegt das?

Unter anderem wollen Leute heute einfach mehr wissen und denken mehr darüber nach, was eigentlich Marketing und was Produkte sind. Sie können sich besser artikulieren, und über das Internet haben sie die Möglichkeit, diese Meinungen und Ansichten untereinander auszutauschen. Dadurch sind die Konsumenten heute wesentlich machtvoller, als sie es früher waren.

Welchen Einfluss hat die Werbebranche auf die Gesellschaft?

Vor 20, 30 und 40 Jahren waren doch sehr stark stereotype Klischees vorhanden, zum Beispiel von dem blonden Hausmütterchen, das brav die Kleinfamilie versorgt hat. Aber das hat sich sehr geändert.

Heute findet man in der Werbung Menschen jeglicher Hautfarbe und jeglichen sozialen Standes. Es sind natürlich immer noch eher die Schönen, es sind natürlich immer noch eher die Gutaussehenden, die präsentiert werden. Aber wir sind weit davon entfernt, so ein enges Rollenbild wie früher zu zeigen.

Im Großen und Ganzen denke ich, sind die Werbeleute heute wesentlich mehr sensibilisiert, als sie es vielleicht noch vor 30 Jahren waren. Und die Konsumenten haben sich verändert, achten stärker auf ethische Aspekte und verlangen von Unternehmen, dass sie ihre Umwelt und ihre Mitmenschen ordentlich behandeln.

Das ist auch zu einem relevanten Faktor für die Werbung und für die Unternehmenskommunikation geworden. Die Werbebranche spiegelt quasi die Veränderung in der Gesellschaft wider. Und da kann sie vielleicht auch die positiven Seiten verstärken.

| Zur Person |

Dirk Engel (*29. Januar 1969) studierte Publizistik in Mainz und Marketing in Basel. Seine berufliche Laufbahn begann als Lokaljournalist beim Wiesbadener Kurier. Seit 1996 arbeitet er in der Forschungsabteilung von Universal McCann.

Dirk Engel ist Dozent an der Akademie für Marketing-Kommunikation in Frankfurt am Main und Lehrbeauftragter mehrerer Hochschulen.

DRUCKWASSERWERK
Respekt!

Respekt ist Ausdruck einer inneren Haltung

Angelika Rieber ist Lehrerin für Politik und Wirtschaft an der Ernst-Reuter-Schule 1 in der Frankfurter Nordweststadt.

| Zur Person |

Angelika Rieber (* 1951) forscht seit Jahrzehnten über Holocaust-Opfer, betreut deren Nachfahren bei der Spurensuche und bemüht sich um ein Oberurseler Mahnmal. Die in Oberursel lebende Lehrerin hat 2004 das Buch »Wir bleiben hier« veröffentlicht.

Die Klasse 13e steht zum Zeitpunkt der Ton- und Video-Aufnahmen kurz vor dem Abitur. Die Interviews finden während der sogenannten Mottowochen statt. Die 13e hat den Leistungskurs Politik und Wirtschaft gewählt. Höhepunkt während der drei gemeinsamen Jahre war die Studienfahrt nach Ankara – auf den Spuren von Ernst Reuter.

Wie definiert ihr Respekt?

Figen Altinok Für mich bedeutet Respekt die Einstellung eines Menschen einem anderen gegenüber, dass der beachtet wird und in seinem Wert und in seiner Bedeutung anerkannt wird.

Sarah Albek Respekt ist ein Ausdruck der inneren Haltung: Wenn man mit sich selbst unzufrieden ist, erwartet man von anderen keinen Respekt.

Florian Evertse Das Problem ist, dass unsere ersten Respektpersonen unsere Eltern sind, und viele Jüngere haben den Respekt vor ihren Eltern schon verloren. Wie soll man aber Respekt lernen, wenn man es nicht von klein auf gelernt hat?

Burcin Zeybek Ich war in der Mittelstufe auf einer Multikulti-Schule, wo verschiedene Nationalitäten waren – da gab es öfter Schlägereien, Respektlosigkeiten und Rassismus. Aber ich glaube, das hat auch was mit dem Alter zu tun, denn wir in der Oberstufe sind inzwischen älter und können damit umgehen.

Issam El Moatasimi Ich würde sagen, der Respekt lässt eher bei den Kleineren nach. Wenn mich ein Kleiner fragt: »Ey, hast du mal ´ne Zigarette für mich?« und ich antworte ihm: »Ey, ich rauche nicht.« Dann sagt er mir: »Halt's Maul, du Bastard, du lügst!« Und ich nur: »Was ist da los?!« Der Respekt bei den Kleineren lässt wirklich übertrieben nach, und da muss was gemacht werden. Denn der Respekt kommt von klein auf, und in dem Alter, in dem wir sind, muss er schon vorhanden sein.

Florian Evertse Als ich sieben oder acht Jahre alt war, war ich abends um sechs Uhr, wenn der Papa von der Arbeit nach Hause kam, zuhause. Und heute sehe ich kleine Kinder – acht, neun Jahre alt vielleicht – die abends um 10 Uhr noch draußen auf der Straße sind! Das hätte es damals bei uns nicht gegeben.

Gibt es an eurer Schule Probleme mit Religionen?

Sarah Albek Hier gibt es sehr viele Moslems, die wegen der Religion die Sunna befolgen und deswegen islamische Kleidung tragen. Ich habe erlebt, dass das toleriert wird und dass es damit auch kein Problem gibt, im Gegenteil. Man respektiert sogar die Personen dafür, dass sie den Mut aufbringen, ihre Religion zu zeigen und sich nicht dafür zu schämen.

Angelika Rieber Ich glaube, das ist ein ganz wesentlicher Punkt. Wir sind mit der Klasse mal nach Berlin gefahren – während des Ramadan. Da gab es Diskussionen: Geht das überhaupt, dass man während des Ramadan auf Klassenfahrt fährt? Wir sind gefahren und haben das dann so gelöst, dass es vor Sonnenaufgang Frühstück gab und abends nach dem Ende des Ramadan das Abendessen. So haben wir gemeinsam einen Weg

Angelika Rieber – auf den Spuren von Ernst Reuter.

Encounters and Dialogue
Encounters and Dialogue in Frankfurt/Main
Ernst Reuter School 1 (ERS1)
Ernst Reuter and his Experience of Emigration
In the Footsteps of Ernst Reuter and Other E
Exchange Project between the Ernst Reuter Schools in Frank
Respekt!

gefunden. Es gibt schon mal Spannungen und Konfliktstoff, aber wir versuchen, es anzugehen und es nicht zu tabuisieren. Ich glaube, das ist der Dreh- und Angelpunkt.

Habt ihr generell Probleme mit Rassismus?

Vanessa Siegel Wir haben solche Probleme nicht – oder nicht so, wie über die Medien verbreitet. Aber ich kenne auch viele andere Beispiele: Eine Freundin von mir ist auch schwarz. Sie wohnt in der Nähe von Bad Homburg. Dort gibt es mehr Rassismus als in Frankfurt. Hier, direkt in der City, fühlen wir uns wohl. Man muss hier keine Angst haben, dass gleich ein Nazi um die Ecke kommt, der dich vermöbelt oder so. Aber meine Freundin im Dorf hat schon Probleme. Auch im Praktikum wird sie schief angeguckt. Da heißt es schon einmal: »Ach, Sie können ja Deutsch...«

Hat sich in eurer Erziehung etwas geändert im Vergleich zu früher?

Arlinda Hoti Ja. Die Gesellschaft hat sich gewandelt und die Erziehungsmethoden müssen sich anpassen. Aber viele Menschen sind noch nicht auf dem neuesten Stand mit den Erziehungsmethoden. Früher hat man gedacht: Okay, ich lebe in einer kleinen Stadt, und wenn was passiert, dann kriegt man Schläge. Aber das geht heutzutage nicht mehr, denn heute hat jeder Mensch seine Rechte, und die muss man achten und ihm dennoch etwas mit auf den Weg geben.

Shows wie die »Super Nanny« sind vielleicht nicht ganz so produktiv, aber hilfreich. Man sollte sich schon so viel wie möglich bilden, um zu wissen, wie gehe ich jetzt mit Kindern um, die sich nicht so verhalten, wie es erwartet wird.

Habt ihr Vorbilder aus dem Fußballbereich?

Cristina Pinder Meine Mutter kommt aus Argentinien und dort ist natürlich Maradona das Idol schlechthin. Er spielt nicht nur wegen seiner Leistung eine große Rolle, sondern er gibt auch Hoffnung – trotz der Skandale um ihn, wie Drogen oder Doping. Er ist einfach ein Idol, weil er auch aus einem Elendsviertel kommt – wie die kleinen Kinder, die heute in den Slums leben. Er zeigt, dass man es trotzdem schaffen kann. In Brasilien sind es bekannte Fußballer, wie Pelé oder Zidane, die Hoffnung geben. Trotz der Skandale, in die sie verwickelt sind. Sie werden respektiert – trotz ihrer schlechten Seiten.

Hintere Reihe, von links nach rechts:
Florian Evertse, Christine Wolf,
Burcin Zeybek, Bican Erbasli,
Heba Dirbas, Sarah Albek.
Vorne: Angelika Rieber, Arlinda Hoti.

Präsentationen
in PoWi
Studienfahrt
nach Ankara
Almanya'dan konuklar var
Berufswahl
Studium/Stipendien
Zivi / FSJ
Volksvertreter von Beruf
Finanzspritze für das Studium
Auf der Spree
FRANKFURT

Jeder Schüler braucht ein offenes Ohr

Bican Erbasli ist Schulsprecher der Ernst-Reuter-Schule 1 und Stadtteilbotschafter.

Was ist heute anders als früher, in Sachen Respekt?

Bican Erbasli Ein Punkt, der auch wichtig ist, warum die kleinen Kinder von zuhause keinen Respekt mitbringen oder ihn nicht erlernen, sind die Umstände. Es ist klar, dass das ein gesellschaftlicher Wandel ist – aber man muss sich auch mal fragen, in welchen Umständen die Kinder leben, die abends bis zehn Uhr draußen sind. Ist es denn wirklich so, dass die Eltern bis zehn Uhr zuhause hocken und sagen: »Ich sitze jetzt vor dem Fernseher und mein Kind soll bis zehn Uhr draußen bleiben?«

Arlinda Hoti Es gibt Leute, die sich nicht genug Zeit nehmen können, um ihre Kinder richtig zu erziehen – sie müssen stattdessen arbeiten gehen, weil sie kein Geld haben.

Angelika Rieber Es gibt diese Bedingungen – aber es gibt auch eine Gleichgültigkeit, die nicht unbedingt mit diesen äußeren Bedingungen, sondern die mit Haltung zu tun hat. Und deshalb denke ich, ist es wichtig, dass man sich miteinander beschäftigt, dass man neugierig ist und sich auch für andere interessiert. Denn wenn sich Eltern nicht mal für ihre Kinder interessieren, dann interessieren sich Kinder auch nicht für andere Menschen.

Was könnte in der Schule von heute anders laufen – gibt es Verbesserungsvorschläge?

Bican Erbasli Meine persönliche Geschichte: Vor drei Wochen ist meine Mutter verstorben und nun habe ich eine ganz neue Verantwortung. Ich kann nicht mehr in die Schule gehen, nach Hause kommen, Hausaufgaben machen und abends mit Freunden weggehen – nun ist meine Rolle eine andere als vorher. Ich habe eine achtjährige Schwester, die in die zweite Klasse geht, und ich muss nun eine gewisse Verantwortung übernehmen – noch mehr, als ich vorher schon hatte. Denn ich muss nun gucken, dass sie zur Schule geht, dass sie weiterkommt, dass sie sich nicht gehen lässt.

In dieser Situation war es klar, dass meine schulische Leistung und meine Anwesenheit in der Schule nach unten gehen. Obwohl ich mit der Situation anders umgegangen bin als mein älterer Bruder, der viel emotionaler ist und eher etwas in sich hinein frisst. Aber es ist das Allerschlimmste, ein Problem in sich hinein zu fressen. Man muss offen darüber reden!

Denn was mir deutschlandweit generell an den Schulen fehlt, sind Schulpsychologen, Pädagogen oder Mediatoren – eben Menschen, die sich mit den Problemen der Schüler auseinandersetzen und ein offenes Ohr für sie haben. Denn wie sollen die Lehrer mit ihrem Zeitdruck, mit dem Lehrplan, dem Abiturstress und den ganzen Stunden noch für einzelne Schüler ein offenes Ohr haben? Das fehlt mir aber einfach. Da hat der Staat meiner Meinung nach versagt, da ist eine ganz große Lücke. Wo bleibt in der Schule Zeit für meine persönlichen Probleme?

Jeder Schüler sollte hier in der Schule eine Anlaufstelle haben, denn wir verbringen hier sehr viel Zeit.Doch wenn jemand zuhause Probleme hat, hat er keinen, mit dem er darüber reden

| Zur Person |

Bican Erbasli (*15. September 1989) wurde in Frankfurt am Main geboren und ist Abiturient und Schulsprecher der Ernst-Reuter-Schule 1. Seine Eltern stammen aus der Türkei. Als ehrenamtlicher »Stadtteilbotschafter« der Polytechnischen Gesellschaft dreht er derzeit für »seinen« Stadtteil Frankfurter Berg einen Film, um Probleme anzusprechen und Lösungen zu finden.

Bican Erbasli – und plötzlich war die Verantwortung ganz groß.

kann. In der Schule wird Bildung vermittelt – aber wenn jemand da wäre, der auch mal fragt, wie es einem geht, wäre das auch eine Form von Bildung, von menschlicher Bildung!

Deswegen mein Appell: Ich wünsche mir, dass mehr Menschen in die Schule kommen und die Schüler und die Lehrer befragen und sich darüber informieren, was an den Schulen los ist. Vielleicht ist es utopisch, aber warum hören sich Politiker nicht an, was die Schüler zu sagen haben? Die sitzen da oben, kriegen ihre Daten und ihr Geld und sind in den Medien – sie halten ihre Reden und das war's.

Angelika Rieber Während wir versuchen, damit umzugehen, merkt man, dass bei allen Emotionen hochkommen. Zum Alleingelassen-Sein: Auch ich fühle mich oft allein gelassen! Deshalb finde ich es gut, dass es seit drei Jahren an unserer Schule eine Beratungsstelle gibt. Und ich weiß, dass du dort hingehen kannst und gut aufgehoben bist. Denn da ist jemand, der zuhört, der dafür da ist, dessen Job es ist, das auch zu machen. Nicht, um es wegzuschieben, sondern um zu wissen, dass es da noch jemanden gibt, der eine Entlastung darstellt. In diesem Fall für dich, aber in gewisser Weise auch für mich – denn ich kann das manchmal gar nicht alles tragen, was es an Problemen allein in dieser Klasse gibt! Ich kann nicht die ganze Verantwortung auf mich laden. Und deswegen kann ich das nur bestätigen – es ist notwendig, dass der Staat mehr tut. Denn wenn ich sehe, welche persönlichen und sozialen Probleme es allein in dieser Klasse gibt – das ist Wahnsinn!

Bican Erbasli Wenn man weiß, dass man Menschen in der Klasse hat, die für einen da sind. Wenn ich wirklich weiß, ich gehe jetzt in die Schule, weil da Menschen sind, die in dieser Situation ein offenes Ohr für mich haben – wo ich weiß, da habe ich Unterstützung, wo ich weiß, da können Menschen die Lage verstehen, da werden Menschen alles Mögliche tun, um mir weiterzuhelfen und mich auf diesem Weg zu unterstützen ..., dann ist das was ganz Großes!

Angelika Rieber Man redet immer über Migranten, die keinen Hauptschulabschluss haben und über gewalttätige Jugendliche und so weiter. Aber es wird kaum davon gesprochen, dass Jugendliche mit Migrationshintergrund Bildungserfolge haben. Dabei verläuft die Zusammenarbeit von Menschen mit unterschiedlichem Hintergrund zwar nicht spannungsarm, aber doch relativ konfliktfrei und ist sogar total bereichernd und lebendig. Darüber wird unheimlich wenig gesprochen, das sollte viel mehr an die Öffentlichkeit dringen. Deshalb finde ich es auch so toll, dass dieser Film gemacht wird!

Von links nach rechts: Bican Erbasli, Eric Bueno, Cristina Pinder.

Elf Mann stehen zusammen

Florian Fromlowitz war 2009 U21-Europameister.

Was bedeutet Respekt für dich?

Respekt ist ein sehr wichtiges Thema – auch für mich persönlich. Seit meiner Jugend habe ich im Fußball schon viel erlebt und auch immer wieder mit verschiedenen Charakteren zu tun gehabt. Da war immer auch ein bisschen die Hautfarbe das Thema. Ich denke, das gehört eigentlich gar nicht da hin, denn wir sind alle ganz normale Menschen, auch als Fußballprofis. Wir üben unseren Sport aus und wir müssen als elf Mann zusammenstehen, um auch jemandem beiseite zu stehen, falls Ausschreitungen zu erwarten sind oder von außen rein kommen. Und deswegen ist es wichtig, zu helfen, wo man nur kann.

Wie war das damals, als Robert Enke plötzlich nicht mehr da war?

Man hat erlebt, dass die Welt kurz stillstand: Wir haben einem super Sportler mit einer tollen Vorbildfunktion den Abschied ermöglicht, den er auch verdient hat. Es ist natürlich schwer für die ganze Mannschaft – und für mich persönlich um so mehr – in seine Fußstapfen zu treten. Es kann keiner erwarten, dass das von heute auf morgen passieren kann – dass man ihn beerbt und dass das Leben ganz normal weiter geht. Wir haben alle kurz anhalten müssen, um uns zu finden. Aber es ist sehr schade, dass man so schnell in die alten Muster zurückfällt, in denen Respekt und Persönlichkeit nicht mehr so eine Rolle spielen.

Wie ist der Alltag jetzt – ohne Robert?

Schwer. In unseren Sport wird sehr viel von den Medien reingetragen und man bekommt immer wieder etwas mit, dass eigentlich eine Schippe zu privat ist. Denn auch als Spieler möchte man mal ein Privatleben haben und genießen.

Wir haben bestimmt den schönsten Job, den es gibt. Wir haben alle hobbymäßig mit Fußball begonnen und haben ihn nun zu unserem Beruf gemacht. Und wir verdienen auch viel Geld damit. Trotzdem ist es schade, dass die Persönlichkeit nicht mehr im Vordergrund steht, sondern die Hintergründe, das Privatleben, die Skandale und irgendwelche Intrigen.

Wegen der Aschewolken konntet ihr nicht fliegen – wie war das als Fußballprofi unter »normalen« Leuten im Zug?

Da habe ich eine coole Geschichte über eine erlebnisreiche Anreise: Wir wussten erst gar nicht, wie wir da eigentlich reinkommen sollten. Die Leute, die reserviert hatten, haben gesagt: »Nee, warum sollen wir hier weggehen. Das sind unsere Plätze – warum sollen wir jetzt für euch Profis freimachen?« Klar wollten wir gerne sitzen, aber wir haben auch alle verstanden, dass wir ganz normale Menschen sind und uns einzufügen haben. Und deswegen haben wir uns dann in den Zug reingequetscht und uns in den Flur gelegt oder vor die Toiletten gesetzt. Das war eine Anreise, die man nicht so schnell vergisst! Sie ging insgesamt über sechs, sieben Stunden – einschließlich der Warterei am Bahnhof.

| Zur Person |

Florian Fromlowitz (* 2. Juli 1986) ist Fußballtorwart. Nach dem Selbstmord seines Freundes Robert Enke trat Florian in seine Fußstapfen und wurde Stammtorhüter von Hannover 96.

Florian Fromlowitz – keine Extrawurst im Zugabteil.

Respekt!
Kein Platz für Rassismus
www.respekt.tv

Respekt zwischen den Generationen

Michael Gabriel wurde mit der Jugend von Eintracht Frankfurt zweimal Deutscher Meister.

Was bedeutet Respekt für dich?

Ich habe leistungsorientiert Fußball gespielt und da war der Erfolg sehr wichtig. Ich hatte zum Glück in der Jugend einen Trainer, der sehr viel Wert drauf gelegt hat, dass man gegenüber der gegnerischen Mannschaft und dem gegnerischen Spieler respektvoll sein soll. Und mein Vater hat das auch immer gesagt!

Wie steht's mit dem Respekt zwischen den Fangruppen?

Wenn die Eintracht zuhause spielt, gehe ich öfter mal in die gegnerische Kurve und schaue mir die ersten Minuten von dort aus an. Einfach um zu sehen, wie das im Stadion wirkt, wie deren Sicht aufs Spiel ist. Dort habe ich mal eine Choreografie der Eintrachtfans aus der Kurve der Lauterer beobachtet – das war eine ganz großartige Sache, und da waren die Lauterer Fans genauso beeindruckt und haben geklatscht! Das ist eine schöne Erfahrung gewesen.

Welches Spiel der Eintracht hat den größten Eindruck hinterlassen?

Eintracht Frankfurt hat ja, nachdem der Verein 1959 Deutscher Meister geworden ist, im Europapokal gespielt – die Eintracht hat als erste deutsche Mannschaft das Endspiel um den Europapokal der Landesmeister erreicht – damals gegen Real Madrid. Das ist den meisten Leuten natürlich heute noch im Gedächtnis, und das Spiel ist dann auch von angelsächsischen Journalisten zum Spiel des Jahrhunderts gewählt worden.

Aber aus Frankfurter Sicht war das Halbfinale gegen die Rangers aus Glasgow wahrscheinlich sogar noch beeindruckender: Die britischen Mannschaften waren zu dieser Zeit noch die dominierenden Mannschaften auf der Welt – neben Real Madrid. Und die Eintracht schlägt die Rangers zwei Mal! Zuhause mit 6:1, in Glasgow mit 6:3. Nach dem Schlusspfiff hat die Mannschaft der Glasgow Rangers ein Spalier am Spielfeldrand gebildet und den Spielern von Eintracht Frankfurt Beifall geklatscht. Das war eine großartige Geste – »Sportsmanship at it's best«. Das ist ein tolles Beispiel für respektvollen Umgang miteinander im Sport!

Hat sich Respekt im Vergleich zu früher verändert?

Ich vermute, dass die meisten Interviewten antworten, dass es früher wahrscheinlich besser war. Dass die Jungen heutzutage respektloser den Erwachsenen gegenüber sind.

Ich bin mir da gar nicht so sicher: Ich glaube, dass man das vielleicht umdrehen kann, dass früher die Erwachsenen gegenüber den Jugendlichen respektloser waren! In den 50er oder 60er Jahren waren die Bedingungen, unter denen junge Menschen aufgewachsen sind, viel enger gestrickt, und die Bewegungsfreiheit und die Entwicklungsmöglichkeiten waren in viel engeren Bahnen vorgegeben. Es gab eine hohe Erwartung an die Disziplin der jungen Menschen!

| Zur Person |

Michael Gabriel (* 15. Dezember 1963) ist Leiter der Koordinationsstelle Fanprojekte (KOS) in Frankfurt am Main. Die KOS begleitet und koordiniert seit 1993 bundesweit sozialpädagogisch arbeitende Fanprojekte.

Michael Gabriel – die Glasgow Rangers zeigten Respekt.

Respekt!
Kein Platz für Rassismus
www.respekt.tv
Dieters
Ordner

In Deutschland unheimlich gut empfangen

»Gilberto« fährt auch mit 34 Jahren mit der »Seleção« zu einer Weltmeisterschaft.

Was bedeutet für dich Respekt?

Für mich bedeutet Respekt, das Gefühl für die menschlichen und inneren Werte zu haben. Dass wir die Prinzipien und die Werte, die wir schon als Kind übermittelt bekommen, verstehen, uns einprägen und uns immer daran halten. Dass diese Werte immer in uns bleiben und uns das ganze Leben lang begleiten.

Wurdest du schon respektlos behandelt?

Ich muss sagen, dass ich mit etwas Angst nach Deutschland gegangen bin und dachte, man würde mich beschimpfen. Aber ich wurde unglaublich gut empfangen. Weder habe ich persönlich Rassismus erlebt, noch wurde ich respektlos behandelt. Im Gegenteil, die Spieler und Fans waren alle ganz toll. Auch die gegnerischen Mannschaften waren immer sehr fair. Das hat mich wirklich beeindruckt. Nur ein einziges Mal habe ich mitbekommen, wie Fans Asamoah beschimpften. Das konnte ich überhaupt nicht verstehen, schließlich hat er sogar für Deutschland in der Nationalmannschaft gespielt.

Wie war für dich die Zeit in Deutschland?

Ich habe mich nie unwohl gefühlt, im Gegenteil, die Zeit in Berlin bei Hertha war super! Ich kann mich über das Leben in Berlin wirklich nicht beschweren, es hat mir sehr gut gefallen. Ich habe oft etwas mit den Spielern gemacht, wir haben uns alle sehr gut verstanden. Im Winter war ich dann immer in Brasilien. Hier ist es natürlich anders. Meine ganze Familie ist in der Nähe, alles ist gemeinschaftlicher, die Brasilianer sind sehr offen, und es sind einfach viel mehr Menschen unterwegs. In Deutschland ist alles sehr ruhig. Der Mannschafts-Physio von Hertha hat mich sogar schon mit seiner Familie in Brasilien besucht, das fand ich super. Ich versuche natürlich, die Kontakte nach Deutschland zu halten und darf mein Deutsch auf keinen Fall vergessen. Eines Tages würde ich gerne nach Berlin zurück. Ich bin jetzt 34 Jahre alt, als Spieler ist es jetzt schwer, da ist der Zug abgefahren, aber als etwas anderes, vielleicht als Trainer, könnte ich zurückkommen. Die deutschen Städte haben mir alle sehr gut gefallen.

Was hat sich in Deutschland verändert?

Ich bin vor der Weltmeisterschaft nach Berlin gegangen, war dann bei der WM dabei, und bin nach der WM über London zurück nach Brasilien. Da hat sich meiner Meinung nach sehr viel verändert. Das Volk ist viel lockerer geworden. Die Leute haben sich getraut, aus sich heraus zu kommen und zu zeigen, aus welchem Land sie kommen. Das hat mir sehr gut gefallen. Die WM hat Deutschland wirklich sehr positiv gezeigt.

Sind die Deutschen nach der WM toleranter geworden?

Ja, genau das meine ich. Ich habe oft erlebt, wie sich Leute zum Beispiel über Lärm beschwert haben. Sogar einmal, als eine türkische Familie nach einer Hochzeit mit Autos hupend und mit Dosen am Auto durch die Straße gefahren ist. Alle haben gemeckert. In der WM-Zeit waren dann aber alle so glücklich und lebendig zusammen am Feiern, dass eine neue Toleranz gegenüber fremden Kulturen entstanden ist, denke ich.

| Zur Person |

Gilberto da Silva Melo (* 25. April 1976) ist ein brasilianischer Nationalspieler, der von 2004 bis 2007 mit Hertha BSC Berlin in der Bundesliga spielte. Seit 2009 ist er wieder in Brasilien und spielt beim Cruzeiro Esporte Clube in Belo Horizonte.

Paula Widmer (links) führte das Gespräch mit Gilberto.

Respekt!
Kein Platz für Rassismus
www.respekt.tv

Rassismus ist wie eine Krankheit

Edinaldo Batista Libânio, genannt »Grafite«, ist brasilianischer Fußballspieler.

Was bedeutet für dich Respekt?

Respekt ist das Minimum, wie wir uns zu unserem Nächsten verhalten sollten. Wenn jeder seinen Nächsten respektieren würde, wäre die Welt viel besser. Dann würde es in jeder Hinsicht keine Ungleichheiten geben.

... und wie setzt du selbst Respekt in deinem Alltag um?

Ich biete immer meine 100-prozentige Unterstützung an und alles, was ich für meinen Nächsten tun kann. Alle in diesem Leben sind Freunde und Kameraden, wir sind alle gleiche Menschen, also muss es Respekt geben – unabhängig von der Hautfarbe, dem Geschlecht, der Herkunft oder der Religion. Diesen Respekt muss es geben. Und ich bin immer 100 Prozent da, wenn ich gebraucht werde.

Hast du in Deutschland Erfahrungen mit Rassismus machen müssen?

Hier in Deutschland hatte ich noch nie Probleme. Ich habe noch nie etwas gesehen oder selbst erlebt, was mit Rassismus zu tun hat. Weil hier der Kampf gegen Rassismus weiter ist, weiter als in Brasilien.

Rassismus ist etwas, das in jedem Menschen steckt. Für mich ist das eine Krankheit. Ich finde es so schlimm wie Krebs, er schadet den Menschen: demjenigen, der rassistisch ist, und dem, der darunter leidet. In Brasilien habe ich einmal negative Erfahrungen gemacht. Das war 2005, aber Gott sei Dank ist das überstanden, und ich habe es bereits geschafft, diesen Abschnitt aus meinem Leben zu streichen.

In Brasilien existiert Rassismus. Leute, die aus der einen Region kommen, werden mehr diskriminiert als solche, die aus einer anderen Region kommen. Rassismus existiert nicht nur zwischen Menschen unterschiedlicher Hautfarbe, sondern auch allgemein, und wir müssen auf der ganzen Welt dagegen ankämpfen.

Wie siehst du Deutschland heute?

Ich persönlich bewundere das deutsche Volk sehr. Jeder kennt die Geschichte, die Deutschland hat, und die schwierige Zeit, durch die die Menschen hier gegangen sind. Es gab den Krieg, die Phase des Nationalsozialismus, und sie haben es geschafft, die Kurve zu kriegen. Sie sind wieder aufgestanden und haben alles wieder aufgebaut – auch durch die Hilfe anderer Länder, die geholfen haben.

Deutschland ist ein Land, das ich sehr bewundere. Nicht nur weil ich hier spiele, wegen des Fußballs. Es sind die Menschen, das Land, die Organisation, der Lebensstil, das Miteinander. Als ich hergekommen bin, mochte ich Frankreich mehr, weil ich die Sprache besser verstanden habe. Aber ich habe Deutsch gelernt, mittlerweile mag ich Deutschland auch sehr und hoffe, dass ich für viele Jahre hier bleibe.

| Zur Person |

»Grafite« Edinaldo Batista Libânio (* 2. April 1979) gewann 2005 mit dem FC São Paulo die Copa Libertadores und die Klub-Weltmeisterschaft. Beim VfL Wolfsburg wurde der 1,89 Meter große Stürmer 2009 Deutscher Meister und Bundesliga-Torschützenkönig.

Grafite kennt die deutsche Geschichte – und mag Deutschland zwischenzeitlich sehr.

VOLKSWAGEN ARENA
VfL
VfL WOLFSBURG
Respekt!
www.respekt.tv

Das eigene Verhalten ist der Maßstab

Michael Gross wird wegen seiner Armspannweite »der Albatros« genannt.

Welche Rolle spielt Respekt in deinem Leben?

Ohne Respekt wäre ein Miteinander kaum möglich. Respekt bedeutet für mich eigentlich drei Dinge: erstens die Anerkennung der anderen Meinung oder Leistung. Zweitens das Verständnis, damit man sich auf andere Dinge einlässt. Und drittens die Offenheit, denn, wenn man nicht eine Grundoffenheit hat, wird das andere auch nicht gelingen.

Wurdest du schon respektlos behandelt?

Ja natürlich, zum Beispiel in den Medien. Da habe ich schon einige Respektlosigkeiten erlebt, die man aber wegstecken muss. Zum Beispiel ist eine Schlagzeile wie bei den Olympischen Spielen »Albatros Flügel gestutzt« respektlos – andererseits gehört das zu unserem Geschäft.

Wie vermittelst du deinen Kindern Respekt und Toleranz?

Um Kindern das zu vermitteln, muss man es vorleben. Man kann nicht von den Kindern Respekt und Toleranz fordern, wenn man ihnen selbst nicht zuhört! Es ist ein langwieriger Prozess, denn Kinder beschließen nicht von jetzt auf gleich etwas vernünftig, sondern es entwickelt sich. Mir war es immer wichtig, den Kindern einen Rahmen abzustecken, in dem sie sich bewegen können und aufzuzeigen, wann eine Grenze überschritten wird.

Wie weit geht dein Respekt?

Man sollte sich so verhalten, dass das eigene Verhalten der Maßstab für das Verhalten aller anderen sein kann. Man versucht, dieses Prinzip in seinem Leben durchzuhalten. Man versucht beispielsweise, religiösen Fanatismus nachzuvollziehen, aber es gibt eine Grenze: Ich respektiere die religiöse Einstellung, ich kann aber nicht tolerieren, welches Verhalten daraus entspringt und muss dementsprechend die Freiheit verteidigen. Denn wenn die Freiheit eines anderen genommen wird, zum Beispiel durch den Terrorismus, dann muss man dagegen vorgehen. Es ist eine Gratwanderung, denn die Grenzen sind oft fließend. Wichtig ist, dass man selbst und die Gesellschaft einen klaren Rahmen hat, in dem man sich bewegen kann. Diesen Rahmen nennt man Werte.

Hat sich Respekt verändert?

Wir waren auch nicht immer respektvoll gegenüber unseren Eltern: Das ist ein wenig das »Recht der Jugend« – auch meiner Kinder – bestimmte Dinge infrage zu stellen. Ansonsten würden sich manche Dinge gar nicht weiterentwickeln. Aber es kommt auf die Art und Weise an, wie man das macht.

Warum ist Integration so schwierig?

Das große Problem ist die Integration von verschiedenen Kulturen, die zum Beispiel geprägt werden durch Religion oder die Rolle von Mann und Frau in der Gesellschaft. Das führt in vielen Schulen zu massiven Konflikten zwischen Schülern und zum Beispiel Lehrerinnen. Doch diese Probleme sollte man nicht einfach auf die Schule oder die Eltern abwälzen, sondern damit sollte sich die Gesellschaft befassen.

| Zur Person |

Dr. Michael Gross (* 17. Juni 1964) ist einer der erfolgreichsten deutschen Schwimmsportler: Er hat insgesamt 21 Titel bei Olympischen Spielen, Welt- und Europameisterschaften gewonnen. Heute ist er Inhaber einer PR-Agentur.

Für Michael Gross ist es das Recht der Jugend, Dinge infrage zu stellen.

Respekt!
Kein Platz fur Rassismus
www.respekt.tv

In »Respekt!« spiegelt sich alles wider

Daniel Gunkel übte seine gefährlichen Freistöße auf den Bolzplätzen in Frankfurt-Bonames.

| Zur Person |

Daniel Gunkel (* 7. Juni 1980) ist deutscher Fußballspieler – seine Mutter ist Hessin, sein Vater kommt von der Elfenbeinküste. Er spielte bisher für Eintracht Frankfurt, den Dresdner SC, Energie Cottbus, Preußen Münster, den SV Wehen und den 1. FSV Mainz 05. Seit Anfang 2010 ist er bei TuS Koblenz unter Vertrag.

Du bist von Anfang an bei der Kampagne dabei – wie gefällt dir »Respekt!«, unsere bundesweite Aktion?

Diese Erweiterung sorgt dafür, dass man noch ein bisschen weiter an die Öffentlichkeit gehen kann. Mit »Respekt!« wurde das richtige Wort gefunden, denn in »Respekt!« spiegelt sich alles wider. Denn nur darum geht es! Ich denke, wenn die Leute Respekt voreinander haben, funktioniert das Miteinander viel besser!

Du hast auch im Osten Fußball gespielt – gab es Unterschiede zum Westen?

Ich hatte in Cottbus eine ganz ordentliche Zeit. Konflikte gab es nur ein oder zwei Mal – aber eigentlich ist das schon zu viel. Ich möchte nicht pauschalisieren, dass der ganze Osten rassistisch sei, aber ich denke, es gibt dort auf jeden Fall mehr solcher Gruppierungen als im Westen.

Zum Beispiel?

Einmal war ich mit Ade Ogungbure und seinem Bruder in der Stadt unterwegs. Da wurden wir von einigen Idioten beschimpft und mit Steinen beworfen. Damit das nicht ausartet, haben wir uns zurückgezogen. Natürlich fühlt man einen Groll und fragt sich, warum man sich hier nicht verteidigen soll. Aber wenn man das Gehirn einschaltet, merkt man, dass es richtig ist, sich aus solchen Situationen einfach zurückzuziehen.

Ein anderes Mal saß ich mit meiner kleinen Schwester in einem Café mitten auf einem Platz in Cottbus. Da kommt ein älterer Mann mit seiner Frau vorbei und sagt: »Ihr müsst Bananen essen!« So ein Spruch wäre ja schon ein guter Grund, um durchzudrehen. Aber es ist besser, über solchen Sachen zu stehen und Ruhe zu bewahren.

Wie siehst du die Entwicklungen in der U21 und der Nationalmannschaft?

Die U21 ist ein perfektes Beispiel für die Entwicklung: Von elf Stammspielern sind, glaube ich, fünf oder sechs Migranten. Es ist gut zu sehen, dass es auf jeden Fall weitergeht – Asamoah hat damals den Anfang gemacht. Es ist aber nicht so einfach, sich als Deutscher zu fühlen – es ist immer ein Konfliktpotenzial drin. Das wird wohl auch noch eine sehr lange Zeit brauchen, bis man sagt: »Okay, diese Jungs sind Deutsche, die sind hier groß geworden!« Aber die U21 ist ein gutes Beispiel für diese positive Entwicklung.

Erklärst du uns dieses Konfliktpotenzial?

Ich bin in einem Viertel in Frankfurt aufgewachsen, in dem sehr viele Schwarzafrikaner und andere Einwanderer wohnen – dort habe ich sehr viel mitbekommen. Aber von der Kultur meines Vaters weiß ich leider nur sehr wenig. Da komme ich eher nach meiner Mutter: urhessisch oder urdeutsch! Ich spreche diesen Dialekt, ich kenne die Schlager, die die Deutschen hören. Denn ich bin damit groß geworden. Aber trotzdem werde ich nicht als Deutscher wahrgenommen. Das ist der Konflikt, der wohl noch für lange Zeit bestehen bleiben wird.

Daniel Gunkel ist von Anfang an dabei – schon bei »Kein Platz für Rassismus!«, der Kampagne vor »Respekt!«.

Respekt!
Kein Platz für Rassismus
www.respekt.tv

Werte sollten überall gleich sein

Dunja Hayali lebt mit ihrer Freundin in Berlin-Kreuzberg.

| Zur Person |

Dunja Hayali (* 6. Juni 1974) ist Journalistin und Fernsehmoderatorin mit irakischen Wurzeln. Die Medien- und Kommunikationswissenschaftlerin moderiert die heute-Nachrichten, das heute-Journal und das ZDF-Morgenmagazin.

Was bedeutet Respekt für dich?

»Respekt« ist ein machtvolles Wort mit sieben Buchstaben. Wenn alle respektvoll miteinander umgehen würden, wäre die Welt ein ganzes Stück besser! Respekt hat mit Anerkennung zu tun, mit gegenseitigem Schätzen. Man kann das Wort nicht beschreiben – entweder man versteht es oder man versteht es nicht.

In Ghana gibt es das ungeschriebene Gesetz vom Respekt gegenüber Älteren …

Das ist in Deutschland auch ein ungeschriebenes Gesetz. Nur halten sich wenige dran – das ist das Problem! Die Menschen in Deutschland verlieren immer mehr den Respekt und die Werte, weil sie diese von zuhause nicht mehr mitbekommen. Es gibt aber auch kulturelle Unterschiede: Meine Eltern sind Christen – da ist es natürlich wichtig, mit anderen religiösen Gruppierungen wie Sunniten oder Schiiten respektvoll umzugehen. Und das kannst du auf jede andere Religion übertragen. Es gibt unterschiedliche Definitionen von Herangehensweisen an Respekt, aber insgesamt geht es um Werte, und die sollten eigentlich überall gleich sein.

Spielt die Sprache eine große Rolle?

Es gibt zwei Dinge, die entscheidend sind, wenn man als Kind mit Migrationshintergrund groß wird: zum einen die Sprache, zum anderen die Bildung. Das sind die zwei wertvollsten Dinge, die Eltern einem mitgeben können. Ich hatte das große Glück, dass meine Eltern sehr viel Wert darauf gelegt haben. Deswegen war meine Kindheit relativ entspannt.

Ich hatte eine »lustige Erfahrung«, als ich noch Sportreporterin war und eine Moderatorin interviewt habe – es ging um die UNICEF und Kinder. Wir haben über die Kinder im Irak und die Situation dort gesprochen. Es war ein total angenehmes und nettes Gespräch, doch dann sagte sie zu mir: »Für eine Ausländerin sprechen Sie ganz gut Deutsch!« Da habe ich mir gedacht: »Krass, wo lebe ich? Welches Jahr haben wir?« Ich spreche doch ganz normal Deutsch – sonst hätte ich nicht den Job, den ich habe. Da war ich wirklich entsetzt.

Spielt die Hautfarbe eine große Rolle?

Die Hautfarbe entscheidet, wie Menschen auf einen zugehen. Aber auch das, was sie denken, über einen zu wissen. Über mich denken viele, ich sei eine Muslima, weil meine Eltern aus dem Irak kommen. Ich hätte damit auch kein Problem, wenn ich eine wäre. Ich bin es aber nicht! Es muss ja nicht jeder wissen, dass es im Irak auch Christen oder Orthodoxe gibt, aber daran siehst du diese vorgefertigten Strukturen im Kopf. Du wirst sofort in eine Schublade gesteckt, wenn du sagst, woher du kommst.

Dunja Hayali zollt natürlich auch ihrer Hündin »Emma« größten Respekt.

Respekt!
Kein Platz für Rassismus
www.respekt.tv

Wir alle brauchen Anerkennung

Prof. Dr. Wilhelm Heitmeyer argumentiert mit dem Begriff der Gruppenbezogenen Menschenfeindlichkeit.

Was bedeutet Respekt?

Respekt hat etwas mit Gleichwertigkeit zu tun. Das heißt, es gibt in dieser Gesellschaft im Grunde nur zwei basale Grundwerte, die unstrittig sein müssen und die nicht verhandelbar sind: Das ist auf der einen Seite die Gleichwertigkeit von Menschen und auf der anderen Seite die psychische Unversehrtheit. Und damit das auch gewährleistet ist, braucht man so etwas wie Achtung.

Wie funktionieren Respekt und Anerkennung?

Wenn man genauer hinsieht, haben gerade junge Menschen, die Respekt, Anerkennung und dergleichen ja erst lernen sollen und müssen, drei zentrale Anerkennungsquellen: Die erste ist die Anerkennungsquelle Familie – dort geht es um Liebe. Dann gibt es die Anerkennungsquelle Schule, in der es um Leistung geht. Und dann gibt es noch die Anerkennungsquelle der Gleichaltrigen, in der es um Stärke und Zugehörigkeit geht. Und erst wenn ich selbst eine positive Anerkennungsbilanz habe, bin ich auch in der Lage, anderen diese Anerkennung zurückzuspielen. Was dabei aber ganz wichtig ist: Erst wenn ich selbst anerkannt bin, halte ich selbst gesellschaftliche Normen ein, die andere vor Gewalt und Ungleichwertigkeit schützen.

Wie funktioniert Ausgrenzung in unserer Gesellschaft?

Das große Problem ist, dass wir es in dieser Gesellschaft mit einer ganzen Bandbreite von menschenfeindlichen Einstellungen zu tun haben – gerade gegenüber schwachen Gruppen. Egal, ob es Ausländer sind, Homosexuelle oder Obdachlose. Wir operieren hier mit dem Begriff »Gruppenbezogene Menschenfeindlichkeit«. Das bedeutet, dass Menschen allein aufgrund ihrer Gruppenzugehörigkeit und unabhängig von ihrem individuellen Verhalten in den Fokus von Abwertung, Diskriminierung und Gewalt geraten. Das ist ein ganz wichtiger Punkt, denn gegenüber schwachen Gruppen wird in dieser Gesellschaft kein respektvoller Umgang gepflegt.

Jugend früher und heute – gibt es Unterschiede?

Wir leben in einer Welt, die von Individualisierung geprägt ist. Das bedeutet, dass Jugendliche heute auf der einen Seite gegenüber meiner Jugendgeneration zum Beispiel mehr Spielräume und mehr Entscheidungsmöglichkeiten haben: Jugendliche heute können mehr entscheiden, als etwa Jugendliche meiner Generation. Sie müssen aber auch entscheiden, ohne dass sie häufig wissen, wofür sie sich entscheiden sollen, weil sich die Gesellschaft so dramatisch schnell verändert! Daraus entsteht dann in vielen Fällen so etwas wie Orientierungslosigkeit.

Ich glaube, dass Aufwachsen in der heutigen Gesellschaft kein Spaß, sondern eine bitterernste Sache ist. Schon einfach deshalb, weil zahlreiche Integrationsmechanismen nicht mehr funktionieren – Jugendliche werden desintegriert und mit dieser Desintegration gehen ihnen Anerkennungsquellen verloren.

| Zur Person |

Dr. Wilhelm Heitmeyer (* 28. Juni 1945) ist Professor für Pädagogik mit dem Schwerpunkt Sozialisation an der Universität Bielefeld. Seit 1982 beschäftigt er sich mit den Themen Rechtsextremismus, Gewalt, Fremdenfeindlichkeit, ethnisch-kulturelle Konflikte und soziale Desintegration.

»Die Bandbreite von menschenfeindlichen Einstellungen gegenüber schwachen Gruppen ist das Problem.«

Soziologische Gegenwartsdiagnosen II
Sozialstruktur und sozialer Wandel
GEWALT ALS GOTTESDIENST
campus
DUMONT
JUVENTA

Unsere U21 ist Multi-Kulti – das ist wunderbar

Sebastian Hellmann wurde für seine Arbeit 2003 und 2005 mit dem Deutschen Fernsehpreis ausgezeichnet.

Was bedeutet Respekt für dich?

Respekt ist ein Grundsatz, den man von klein an aufsaugen muss. Respekt ist eigentlich ein sehr großes und allumfassendes Thema, und deshalb sehr schwer zu beschreiben. Egal, ob beim Thema Rassismus oder bei solchen Lebensfragen »Wie gehe ich mit Menschen um?« oder »Wie gehe ich selbst durchs Leben?«. Es steckt also viel mehr hinter diesem Grundbegriff, wenn man sich damit beschäftigt!

Gibt es Momente in deinem Job, vor denen du großen Respekt hast?

Absolut: Man sieht ja manchmal schon an der Körperhaltung oder an der Gestik, dass jemand, der ins Studio kommt, fertig ist. Er hat jetzt fünf oder sechs Spiele in Folge verloren – das letzte gerade in den letzten 90 Minuten. Du weißt schon, dass er sportlich gesehen durch ist. Er weiß selbst, dass es das war, und du musst eigentlich nichts mehr sagen. Eine lichte Aufnahme in sein Gesicht würde reichen und der Zuschauer weiß Bescheid! Aber als Journalist hast du natürlich die Pflicht zu fragen, wie es denn nun weiter geht. Dabei ist hier die Grenze erreicht, das Limit vielleicht schon überschritten. Und inzwischen glaube ich auch, dass die Zuschauer das schon viel eher erkennen!

Hattest du schon mal Angst in deinem Job?

Das passiert manchmal, wenn wir internationale Spiele begleiten wie Inter Mailand – in Italien besteht ja ein großes Rassismusproblem. Und das wird leider auch mehr oder weniger in den Stadien geduldet. Wenn man da in diese hassverzerrten Fratzen guckt, die die farbigen Spieler anpöbeln – das macht einem schon Angst. Da merkt man, wozu Menschen fähig sind, wenn sie sich zusammenrotten. Der eine stachelt den anderen an, und man merkt, dass hier was ganz falsch läuft. Aber das Schlimmste ist, dass man dem absolut machtlos gegenübersteht.

Warum ist dieses Problem gerade in Italien so groß?

Das ist wohl durch die Vergangenheit bedingt – ich glaube, die geschichtliche Aufarbeitung nach dem 2. Weltkrieg war nicht so umfassend wie bei uns. Der Rassismus wurde von Generation zu Generation weitergetragen. Das ist es, was ich spüre – auch wenn ich nicht in Italien lebe. Du wirst dort nicht so geächtet, wenn du dich zum Rassismus bekennst. Du schwimmst einfach in einer Masse mit. Das sagen ja auch die Verbände: Da hat es schon Stadionsperren gegeben, aber sie kriegen das Problem nicht in den Griff.

Wie gefällt dir die deutsche U21?

Es gibt ja diesen Fernsehspot, wo die Mütter, Väter, Onkel und Tanten aus aller Herren Länder zusammenkommen und dann gemeinsam ein Länderspiel gucken – das sind die Eltern unserer Nationalspieler! Ich muss sagen, das hat mich echt fasziniert. Weil mal da sieht, wie Multi-Kulti das ist! Das ist jetzt so und wird nicht weniger werden. Ich finde das wunderbar.

| Zur Person |

Sebastian Hellmann (* 13. Oktober 1967) kommentiert seit 1999 die Geschehnisse in der Fußball-Bundesliga beim Fernsehsender Sky (vormals Premiere).

Sebastian Hellmann vor seinem Lieblingsrestaurant in Köln.

Beluga-Linsen
Scampi Gigante m. Kräutern u. Knoblauch
Salate
Feldsalat mit gebratenen Austernpilzen 9.40
Lauwarmer Kartoffel-Pulpo-Salat 11.60
Tatar von Räucherlachs auf jungen Spinatblättern, dazu 12.70
Meerrettich-Dip
In Thymianhonig gebratene u. mit Ziegenkäse gefüllte 12.90
Maispoularde an winterlichem Salat
Pasta
Spaghetti mit scharfem Lammsugo, Schafskäse u. Minze 10.60
Penne m. Hähnchen und grünem Spargel 11.40
Hausgemachte Ricotta-Spinat-Ravioli m. Austernpilzen
und gehobeltem Parmesan 12.40
Linguine m. Jakobsmuscheln, Flusskrebsschwänzen u. Avocado 14.60
Hauptgerichte
Lammcurry m. Chili, Kochbananen u. Cashewkernen, dazu
Basmatireis
Rinderroulade m. Rotkraut und
Flotter Dreier von Zander, Wolfsbarsch u.
Blattspinat und Oliven-

Wir sollten vor jedem größten Respekt haben

Pascal »Pommes« Hens begann schon mit sechs Jahren Handball zu spielen.

| Zur Person |

Pascal Hens (* 26. März 1980) ist deutscher Profi-Handballer. Er spielt für den Hamburger SV in der 1. Deutschen Handball-Bundesliga.

Was bedeutet Respekt für dich?

Respekt ist für mich eigentlich ein Wort wie Achtung. Es bedeutet, dass man seine Mitmenschen achtet. Gerade wir im Sport sollten vor jedem Gegner – vor jedem Menschen – größten Respekt haben, weil wir wissen, was man im Sport leistet und was wir auf dem Handballfeld leisten. Und ich bin auch der Meinung, dass, wenn man jemandem nicht den nötigen Respekt entgegenbringt, es irgendwann wieder zurückkommt und man selbst etwas abkriegt. Da habe ich auch schon schlechte Erfahrungen gemacht: Im Sport geht das immer relativ schnell, dass man nach einem Sieg schon mal die Klappe aufreißt. Aber irgendwann kriegt man das dann wieder zurück, und dann ist man selbst betroffen.

Natürlich hat das viel mit der Erziehung zu tun, und ich glaube, es ist die Pflicht der Eltern, den Kindern rechtzeitig Respekt und Achtung vor anderen Menschen beizubringen. Das ist in den letzten Jahren ein bisschen vernachlässigt worden, was natürlich sehr traurig ist. Ich selbst lebe in meinem Umfeld nur mit Menschen, die sehr viel Respekt zeigen und das auch zu schätzen wissen.

Ist der Umgang miteinander lockerer geworden?

Also, ich glaube nicht, dass meine Frisur früher möglich gewesen wäre – ob es früher überhaupt schon Friseure gab, die solche Frisuren geschnitten hätten? Früher standen die Leute wohl eher auf Bärte, eben auf den klassischen Heiner-Brand-Bart. Denn so sind sie ja früher alle herumgelaufen. Ich glaube schon, dass heute alles ein bisschen offener geworden ist und nicht mehr so eng gesehen wird. Deswegen gibt es heute auch extravagante Sachen wie zum Beispiel diese Frisur oder die ganzen Tattoos. Das war ja früher nicht denkbar. Denn die Gesellschaft wurde nicht nur ein bisschen lockerer, sondern auch aufgelockerter.

Ist dir schon mal Respektlosigkeit begegnet?

Respektlosigkeit habe ich am eigenen Leib eigentlich nur einmal erfahren – eigentlich ist das nur eine kurze Geschichte. In der B-Jugend habe ich Kreisauswahl Wiesbaden gespielt und da war ein Sichtungstermin zur Hessenauswahl. Es kamen einige Jungs, die ich gar nicht kannte, schon mit einem Hessenauswahl-T-Shirt zur Sichtung – die waren wohl schon mal eingeladen worden. Während der Sichtung wurde gar nicht darauf geachtet, wie gut jeder einzelne Handball spielt. Die Leistungen wurden gar nicht beachtet, sondern es wurden einfach die ausgewählt, die die Hessenauswahl-T-Shirts anhatten – die Jungs wurden wieder eingeladen.

Das war, glaube ich, schon respektlos. Denn dass sich gerade Vorbilder wie diese Coaches so respektlos den anderen Leuten und gerade den Jugendlichen gegenüber verhalten haben, ist eine bodenlose Unverschämtheit.

Pascal Hens – was macht ein »Pommes« in der Kochschule?

Respekt!
Kein Platz für Rassismus
www.respekt.tv

Man muss sein Gegenüber akzeptieren

Dieter Hoeneß, Manager des VfL Wolfsburg, unterstützt auch das Projekt »Wir helfen Afrika«.

Wie definieren Sie Respekt?

Ich glaube, Respekt ist ungeheuer wichtig im Zusammenleben der Menschen, denn man muss einfach sein Gegenüber akzeptieren! Wenn man sich selbst Freiräume herausnimmt, muss man wissen, dass die Grenze des eigenen Freiraums dort ist, wo die Grenze des Freiraums des anderen beginnt.

Respekt früher und heute – hat sich etwas verändert?

Ja, wir haben eine Werteverschiebung. Wenn man es negativ ausdrücken würde, sprächen wir vom Verfall der Werte. Ich bin optimistisch: Ich glaube, dass wir wieder eine Renaissance der Werte erleben werden. Aber es ist vollkommen richtig, die Schwelle zu fehlendem Respekt ist sehr niedrig geworden. Das habe ich in meiner Kindheit anders erlebt. Aber ich will beileibe nicht derjenige sein, der sagt: »Früher war alles besser!« Das ist definitiv nicht so. Wir haben in vielerlei Hinsicht gewisse Schranken durchbrochen – und auch die hierarchischen Systeme ein bisschen verändert. Auch die Generationendiskussion, die in meiner Jugendzeit extrem war, ist ein Stück weit durchbrochen worden. Aber eben zu gravierend – und da spielen auch die Medien eine große Rolle.

Was denken Sie über die Internationalisierung auf dem Fußballplatz?

Diese Multikulti-Entwicklung im Fußball finde ich gut: Es kommen unterschiedliche Impulse, unterschiedliche Vorstellungen von Fußball, unterschiedliche Kulturen zusammen. Und so hat auch die Vernunft Einzug gehalten in die Stadien. Ich kann mich erinnern, dass es sehr abfällige Bemerkungen gab, als die ersten dunkelhäutigen Spieler in der Bundesliga gespielt haben – Äußerungen und Laute, die nicht in ein Stadion gehören und beim Zusammenspiel von Menschen überhaupt keinen Platz haben dürfen. Aber das hat sich verändert.

Wie ist das Verhältnis zu Ihrem Bruder Uli Hoeneß?

Das Verhältnis zwischen Uli und mir ist exzellent. Natürlich haben wir uns in unserer Kindheit und Jugend auch oft gekabbelt, bis die Fetzen geflogen sind: Tipp-Kick-Turniere bei Geburtstagsfeiern sind immer im Desaster geendet. Aber wehe, es kam einer von außen, der entweder mich oder den Uli angegriffen hat – dann haben wir immer zusammengehalten und der eine war sofort an der Seite des anderen.

Eine schwierige Zeit hatten wir, als mein Bruder Manager bei Bayern war und ich Spieler. Denn da war er im Grunde genommen mein Chef. Und das habe ich natürlich nicht akzeptieren wollen.

| Zur Person |

Dieter Hoeneß (* 7. Januar 1953) ist ehemaliger Profi-Fußballer. Anfang 2010 übernahm er die Geschäftsführung des VfL Wolfsburg.

Dieter Hoeneß glaubt an die Renaissance der Werte.

VOLKSWAGEN ARENA
Respekt!
Kein Platz für Rassismus
www.respekt.tv

Den Kids wird es zu leicht gemacht

»Mats« und »Owo« verstehen sich auch außerhalb des Platzes sehr gut.

Was bedeutet Respekt für euch?

Owo Ich bringe jedem Respekt entgegen, von Anfang an. Egal, aus welchem Land oder welcher sozialen Schicht jemand kommt oder welche Hautfarbe er hat. Und ich möchte das natürlich auch an mir selbst erfahren.

Mats Respekt ist das Allererste, was man einem Menschen entgegenbringen sollte. Egal, woher er kommt oder an was er glaubt. Deswegen steht über Respekt relativ wenig.

Owo, hast du Erfahrungen mit Rechtsextremen gemacht?

Eine gewisse Partei (Anmerkung der Redaktion: die NPD) meinte, mit meinem Konterfei Propaganda treiben zu müssen. Das war eine absolut respektlose Sache und rassistisch obendrein! Es war klar, dass wir strikt dagegen vorgehen. Ich bin sehr froh, dass mich der DFB als Hauptkläger unterstützt hat. Wir konnten uns so klar positionieren und haben den Streit gewonnen – die Leute haben eins auf den Deckel bekommen!

Wie war die Reaktion der Öffentlichkeit?

Es gibt Randgruppen, die sich anders orientieren oder anders positionieren. Aber im Großen und Ganzen habe ich gespürt, dass der größte Teil der Menschen auf meiner Seite war – das hat mir gut getan. Denn es hat gezeigt, dass es in die richtige Richtung geht.

Matz, hat sich Respekt verändert?

Ein gutes Beispiel ist die alte Regel, dass man älteren Menschen einen Platz in der U-Bahn anbietet. Doch ich habe das Gefühl, dass das immer seltener wird. Stattdessen werden die Leute angepöbelt, wenn sie auf einen Sitzplatz bestehen. Die 14- oder 15-jährigen bleiben sitzen und wollen den älteren Damen und Herren nicht helfen. Das kann man so nicht akzeptieren. Aber es passiert leider immer häufiger.

Wie war das früher, Owo?

Es gab natürlich Zeiten, wo du als Dunkelhäutiger anders aufgenommen und behandelt worden bist. Mein Vater hat aber schon eine relativ große afrikanische Community in Hamburg vorgefunden. Hamburg ist eine multikulturelle Stadt, insofern hat er mir da auch nicht Negatives erzählt. Aber ich kann mir schon vorstellen, dass es zum Beispiel in den 1930er Jahren, als es noch nicht so viele Dunkelhäutige in Deutschland gab, wirklich anders lief, wenn jemand eine andere Herkunft hatte. Ich denke da an die Kriegszeiten, als Leute anderer Herkunft verfolgt und verbrannt worden sind.

Warum sind die Kids heute respektloser?

Mats Vielleicht merken die Kids einfach, dass es ihnen leichter gemacht wird – es wird nicht gestraft, wenn sie respektlos sind. Sie versuchen dann vielleicht mal ein bisschen frech zu sein, und wenn nichts dagegen gesagt wird, glauben sie, dass es immer so durchgeht. Sie glauben, dass es einfach normal ist und behalten das dann so bei.

| Zur den Personen |

Mats Hummels (* 16. Dezember 1988) spielt seit Anfang 2008 bei Borussia Dortmund. Teamkollege Patrick Owomoyela (* 5. November 1979) ist Sohn einer Deutschen und eines Nigerianers.

Mats und Owo sind wie man sieht ganz locker. Medien-Profis eben.

Respekt!
Respekt!

Respekt vor jedem ist richtig

Mohamadou Idrissou spielt seit 2003 für die Nationalmannschaft Kameruns.

| Zur Person |

Mohamadou Idrissou (*8. März 1980) ist ein kamerunischer Fußballspieler und steht seit 2008 beim SC Freiburg unter Vertrag.

Wie definierst du Respekt?

Das ist nicht zu definieren: Respekt ist Respekt! Man muss sich selbst respektieren, dann bekommt man Respekt von außerhalb. Ein Mensch ist ein Mensch, und Respekt ist Respekt.

Ich bin nicht hier, um solche Dinge zu beobachten. Ich habe mein Land verlassen, um hier etwas zu erreichen. Ich beschäftige mich nicht mit Rassismus oder ähnlichen Themen. Überhaupt nicht, denn ich bin ein Mensch – ich kann mich nicht ändern! Egal, wie ich bin: ob ich weiß bin oder ob ich schwarz bin oder ob ich grün bin oder ob ich rot bin. Ein Mensch ist halt ein Mensch. Ich bin hergekommen und ich nehme alles, wie es kommt. Also, ich beschwere mich nicht. Für mich ist alles okay, weil ich in der Bundesliga spiele.

Hast du in Deutschland schon mal rassistisches Verhalten erlebt?

Natürlich gibt es rassistische Beleidiger oder Sprüche wie: »Was machst du hier, du hast hier nichts zu suchen. Du bist schwarz!« Aber ich kümmere mich nicht um so etwas, weil ich ein Typ bin, der sucht, was für mich und meine Familie richtig ist. Ich kümmere mich nicht um solche Rassismusdinge. Wenn ich mich um so etwas kümmern würde, wäre ich nicht so, wie ich jetzt bin. Deswegen interessieren mich solche Dinge überhaupt nicht. Es betrifft ja nicht nur Afrikaner, sondern viele. Alle Ausländer hören solche rassistischen Beleidigungen. Also für mich ist das kein Thema.

Hat Respekt in Kamerun oder Afrika eine andere Bedeutung als in Deutschland?

Ja, das ist nicht zu vergleichen. Hier in Europa muss man mal Respekt lernen. Nicht nur gegenüber Kamerun, jedes afrikanische Land wird nicht so sehr respektiert. Wenn irgendwas ist, dann sollte man normal und in Ruhe miteinander reden. Aber nicht so, dass alles nur scheißegal ist, das geht nicht. Bei uns in den afrikanischen Ländern ist das die Natur, kann man sagen. Und bei manchen Menschen kannst du so etwas lernen. Aber am Anfang will man das oft nicht lernen. Alle afrikanischen Leute, die hier in Europa leben, haben gelernt, wie das hier so funktioniert. Und darum sind die Unterschiede groß.

Meinst du, man könnte den Respekt-Ball auch mit nach Afrika nehmen und ein Zeichen setzen?

Ja, ich glaube, man kann den Ball mitnehmen und in Afrika einsetzen. Das ist es, da ist geschrieben, dass man Respekt haben muss. Respekt vor jedem ist richtig. Vor jedem!

Respekt gegenüber Afrika?
Da muss Europa noch viel lernen,
meint Mohamadou Idrissou.

Respekt!
Kein Platz für Rassismus
www.respekt.tv
DURAVIT
freiburg
OGS
JACOBSEN
T-Plex 185D

Respekt ist die Basis für ein Leben in Frieden

Valérien Ismaël ist heute Assistent des Sportdirektors von Hannover 96.

Wie bedeutet Respekt für dich?

Respekt ist ein sehr wichtiges Wort. Respekt ist für mich die Basis, um ein Leben in Frieden zu führen. Ich zum Beispiel bin Franzose, als Ausländer in einem fremden Land. Da musst du die Regeln in dem Land respektieren, du musst dich integrieren und musst die Sprache lernen. Das ist einfach Respekt, und danach wird alles wieder viel leichter.

Hast du Erfahrungen mit Rassismus gemacht?

Ich hatte in meiner Kindheit viele Probleme mit Rassismus allein wegen meines Namens. Ismaël, das ist immer zweideutig. Die einen dachten, ich komme aus der Türkei, die anderen dachten, ich komme aus Israel und sei Jude. Und ein Dritter dachte, dass ich ein Musulman[1] bin. Ich habe immer solche Sprüche gehört auf dem Platz. Dabei habe ich nur den Namen Ismaël, aber sonst bin ich Franzose, Katholik, und meine Eltern kommen aus der Karibik.

Deswegen war das für mich immer eine sehr schwierige Phase. Ich habe versucht, den Leuten zu erklären, dass ich nichts mit einer anderen Religion zu tun habe – ich bin wie alle anderen, und mein Name hat nichts mit Juden zu tun. Da hat man wirklich gemerkt, dass die Leute ein Problem damit hatten, und das hat mich früher viele Schlägereien gekostet.

Wie wichtig sind Vorbilder und Idole für die Kinder?

Das ist sehr wichtig, und gerade in der Fußballbranche hat man als Fußballspieler eine Vorbildfunktion. Es ist nicht selbstverständlich, dass jeder Spieler das merkt – denn als junger Spieler weißt du das nicht. Du gehst einfach deiner Wege und du glaubst, dass alles selbstverständlich ist. Aber nach und nach merkst du, dass du eine wirkliche Vorbildfunktion hast. Fußball ist ein Teil unserer Gesellschaft und unserer Kultur, und wir müssen den Jungs unbedingt zeigen, wie es geht! Und wir müssen auch sagen, was gut ist und was nicht gut ist.

Wie findest du die Internationalisierung auf dem Fußballplatz?

Es gibt neben Respekt noch ein anderes Wort: Toleranz. Ich glaube, das ist der richtige Weg zur Toleranz. Jeder auf dieser Welt darf eine Chance bekommen. Es spielt im Endeffekt keine Rolle, ob man schwarz, gelb oder grau ist. Aber man muss auch Respekt und Toleranz zeigen. Auch wenn ich ein farbiger Spieler bin – oder wie der Brasilianer Cacau[2], der jetzt Deutscher geworden ist. Er zeigt auch, dass er sich in Deutschland integriert. Er spricht die Sprache, und er hat sich mit Deutschland identifiziert. Aber Deutschland hat ihm auch die Chance gegeben, sich zu integrieren. Das ist ein perfektes Beispiel für junge Spieler, denn: Auch wenn du aus Afrika kommst oder aus der Türkei, sind wir bereit, dich zu integrieren, wenn du dir Mühe gibst. Dann bekommst du eine Chance, und das ist auch sehr, sehr wichtig – denn sonst gibt es keine Zukunftsperspektive.

| Zur Person |

Valérien Ismaël (* 28. September 1975) ist ein ehemaliger französischer Profi-Fußballer. In der Bundesliga spielte er für Werder Bremen, den FC-Bayern München und bei Hannover 96.

Wegen anhaltender Knieprobleme musste Valérien 2009 seine aktive Fußballer-Karriere beenden.

[1] *Französisch für Moslem*

[2] *Cacau hat 2009 die deutsche Staatsbürgerschaft angenommen und spielt in der Nationalmannschaft.*

Respekt!
Respekt!

Ich lebe mein Leben

Olivia Jones nutzt ihre große Popularität, um soziale Projekte zu unterstützen.

Was bedeutet Respekt für dich?

Respekt ist für mich das Wichtigste im Leben: Denn ich habe viele, viele Jahre gebraucht, um respektiert zu werden und ich weiß, was das heißt. Aber ich glaube, es braucht auch noch ein bisschen, bis es bei einigen Menschen in den Köpfen angekommen ist. Aber: Wenn etwas wichtig ist im Leben, dann ist es natürlich Respekt.

Welche Geschlechterrolle lebst du am liebsten?

Eigentlich ist mir das vollkommen egal. Ich lebe mein Leben und ich will respektiert werden. Mich nervt nur, dass ich immer noch dafür kämpfen muss. Aber das bleibt wohl für immer so und ich hab mich damit abgefunden. Aber im Grunde genommen muss man sehr, sehr stark sein. Gerade wenn man so lebt, wie ich lebe.

Ist Olivia Jones privilegiert?

Ja, ich bin schon privilegiert. Aber ich mache das schon seit 20 Jahren und werde immer noch bedroht: Es gibt Leute, die mir gerne was auf die Fresse hauen wollen, ich werde beschimpft als »Scheiß Schwuchtel«, als »blöde Tunte« und so. Und deswegen weiß ich, was es bedeutet, für Respekt zu kämpfen.

Erkennt man dich auch ungeschminkt?

Das ist ja das Geile: Ich führe ein wunderbares Doppelleben! Wenn ich ungeschminkt bin, erkennt mich niemand, noch nicht mal meine Nachbarn hier. Ich kann zum Beispiel in einer Show auftreten, mich abschminken und ungeschminkt ins Publikum gehen – mich erkennt kein Schwein. Das ist mir auch sehr wichtig, weil ich keinen Bock habe, 24 Stunden das schrille, bunte Huhn für die Allgemeinwelt zu sein. Ich lebe mich gerne aus und ich finde die Aufmerksamkeit auch geil – aber ich muss das nicht 24 Stunden haben.

Interessierst du dich für Fußball?

Ja. Also, ich interessiere mich für Fußball – obwohl man sich im Fußball quasi nicht outen kann, wenn man in höheren Ligen spielt und obwohl gerade der Fußball immer noch so homophob ist. »Schwuchtel« ist dort das Hauptschimpfwort. Und wenn irgendwer nicht gut spielt, dann ist das ein Weichei, eine Tunte … Das nervt mich schon sehr. Aber sonst ist Fußball ein geiler Sport.

HSV oder St. Pauli?

Ich bin natürlich für St. Pauli. Denn die »FC St. Pauli-Präsidentin« Corny Littmann wohnt bei mir in einem Haus – also hab ich gar keine andere Wahl. Und ich bin St. Paulianerin!

Die Präsidentin vom FC St. Pauli?

Corny ist jemand, der wirklich für Respekt steht, für Toleranz. Denn er ist ein Schwuler, der es geschafft hat, Präsident eines Fußballvereins zu sein!

Hast du einen Lieblingsspieler?

Ich kann mich da nicht entscheiden, denn das sind knackige, sportliche Jungs, und vor allen Dingen tragen die ja unter ihren Sporthosen kaum was drunter, weil die sich sonst einen Wolf laufen. Und das macht mich schon ein bisschen wuschig.

| Zur Person |

Olivia Jones (* 21. November 1969) heißt eigentlich Oliver Knöbel. Sie ist Deutschlands bekannteste Drag Queen – 1997 gewann sie in Miami den Titel »Miss Drag Queen Of The World«.

Olivia Jones vor ihrer Kneipe auf St. Pauli.

Olivia
HOLSTEN
35
Respekt!
Kein Platz für Rassismus
www.respekt.tv

Es ist immer ein WIR

Steffi Jones ist seit Januar 2008 Präsidentin des Organisationskomitees für die FIFA-Frauen-WM 2011.

Was bedeutet Respekt für dich?

Respekt ist enorm vielseitig! Viele Menschen denken, Respekt heißt, jemandem »Guten Tag« zu sagen oder jemandem einfach nur höflich gegenüberzutreten. Heute werden viele Dinge mit Respekt in Verbindung gebracht, die eigentlich selbstverständlich sein sollten und auch Anstand genannt werden.

Für mich heißt Respekt, dass man einen Menschen schätzt, dass man ihn würdigt, so, wie er ist. Dass man eben keine Unterschiede macht, wie er aussieht und wo er herkommt. Das heißt, dass man letztendlich anderen Menschen so gegenübertritt, wie man das für sich selbst erwartet.

Hast du persönlich Erfahrungen gemacht mit Vorurteilen?

In meiner Rolle als OK-Präsidentin war ich auf einer Veranstaltung, und als ich mich dort verabschiedet habe, hörte ich, wie einer der anwesenden Jungen zu einem anderen sagte: »Nun kannst Du sagen, Du hast 'ner Negerin die Hand geschüttelt.« Im ersten Augeblick wusste ich gar nicht, wie ich darauf reagieren sollte. Ich war unglaublich schockiert und wütend und brauchte ein paar Sekunden, um mich zu sammeln. Das Einzige, was mir als Antwort einfiel, war: »Das war jetzt superwitzig, ne!«

Der Junge, dem das rausgerutscht war, guckte ganz verschämt weg. Doch alle anderen, die da standen, taten so, als hätten sie es nicht gehört. Und das, obwohl die Leute nur fünf Meter weiter weg standen. In diesem Augenblick dachte ich: »Das gibt's doch gar nicht!« In der heutigen Zeit, an diesem Ort, an dem ich ein solches Verhalten niemals für möglich gehalten hätte … Denn es war nicht im Osten, sondern es war im Westen, wo ja jeder immer sagt: »So was – das gibt's nur da und da.« So ist es aber eben nicht!

Respekt früher und heute: Was hat sich geändert?

Wenn ich überlege, wie sich Frankfurt verändert hat – wie die Menschen sich heute mir gegenüber verhalten und wie das früher war … Ich bin 1972 geboren, da kam es häufig vor, dass meine Mutter beschimpft wurde. Das ist heute glücklicherweise seltener geworden. Auch wenn es immer mal wieder Leute gibt, die solche Äußerungen machen. Aber es hat sich vieles verändert.

Ich glaube, dass wir nie aufhören sollten, darauf hinzuweisen, dass es wichtig ist, Respekt zu leben. Dass man sich gemeinsam mit anderen für Respekt stark macht. Aber gleichzeitig sollten wir auch etwas Positives daraus ziehen: Wir haben uns entwickelt! Ich spreche deswegen von WIR, weil wir hier alle zusammen leben. Ich grenze mich nicht ab – denn wenn ich reise, dann repräsentiere ich Deutschland. Und da gehören auch alle dazu, die mir nicht ganz so toll gegenüberstehen. Aber es ist einfach so: Wir leben hier, und gemeinsam müssen wir das Beste draus machen. Deswegen ist es immer ein WIR.

| Zur Person |

Stephanie Ann Jones (* 22. Dezember 1972) lebt in Frankfurt am Main und ist Tochter eines US-Soldaten und einer deutschen Mutter. Sie absolvierte in ihrer aktiven Laufbahn als Fußballerin 111 Länderspiele, wurde Weltmeisterin und sechsmal Deutsche Meisterin.

Steffi Jones ist Schirmherrin des Projektes »Respekt! Kein Platz für Rassismus« und hat auch das Vorwort für das Kinderbuch zur Aktion geschrieben.

MALTE UND EMIL
WAS IST EIGENTLICH RASSISMUS?
Respekt!

Helfen können und respektiert werden

Adolf Katzenmeier, Frankfurter Physiotherapeut, betreute von 1980 bis 2008 die deutsche Fußballnationalmannschaft.

Was bedeutet Respekt für Sie?

Für mich bedeutet Respekt Hochachtung vor einer Persönlichkeit, die etwas besonderes auch im Sport geleistet oder getan hat. Aus diesem Grund habe ich auch vor Jugendlichen Respekt, egal wie jung sie sind. Gerade auch kleine Kinder müssen auch eine ganze Menge leisten, dafür sollte man auch sie respektieren.

Welche Stars waren schon in Ihrer Praxis?

Ich glaube, ich habe schon alle behandelt. Im einzelnen müsste ich jetzt erstmal überlegen – Fritz Walter, Ottmar Walter, Horst Eckel, Helmut Rahn, Gerd Müller, Franz Beckenbauer, Uwe Seeler, Lothar Matthäus, Günter Netzer, Stefan Effenberg, Mario Basler, Andreas Möller, Sepp Maier, Oliver Kahn, Miroslav Klose, Michael Ballak, Lukas Podolski, Philipp Lahm und Sebastian Schweinsteiger.

Die Trainer waren selbstverständlich auch alle dabei. Zunächst betreute ich sie als Spieler, und später dann auch als Trainer – Erich Ribbeck, Berti Vogts, Jupp Derwall, Sepp Herberger, Franz Beckenbauer, Rudi Völler, Joachim Löw, Jürgen Klinsmann und Helmut Schön.

Wie wichtig ist Respekt in Ihrem Beruf?

Zum einen kommt Respekt kommt mit der Freundschaft. Zum anderen mit der Leistung, die ein Mensch volbracht hat. Als Physiotherapeut versuche ich, die Spieler optimal zu behandeln. Und weil ich ihnen auf diese Weise helfe, entsteht auch Freundschaft. Als Sportler suchen die Spieler Hilfe und haben auch im Verletzungsfall eine Erwartungshaltung an die Betreuter. Wenn ich ihnen helfen kann, werde ich zum Kamerad und Freund. Sie wissen, wo sie mich finden können. Wenn ein Spieler mich aufsucht, betrachte ich ihn als Freund, der Hilfe sucht.

Für mich ist es auch sehr wichtig, gute Arbeit abzuliefern. Deshalb nehme ich mir genügend Zeit für jeden einzelnen, egal ob Profi oder Kind. Jeder hat das gleiche Recht – egal ob Sportlerinnen oder Sportler. Selbstverständlich gehört zum Respekt gegenüber den Spielern auch, dass ich meine Termine nach einhalte. Jetzt um sechs Uhr habe ich einen Termin mit einem Profi-Spieler. Vorher, um fünf Uhr, kommt noch Franz Beckenbauer.

Einen jungen Spieler behandle ich genauso umfassend wie beispielsweise Beckenbauer. Die jungen Fußballspieler müssen merken, dass sie ernst genommen werden. Sie müssen merken, dass wir für sie ebenso da sind wie für die anderen. Ich behandle die Kleinen genauso wie die Großen, zumal die Verletzungssymthomatik fast wie bei Erwachsenen abläuft.

Wie entsteht Respekt in Ihrem Beruf?

Ich will, dass die Spieler mir auch Respekt entgegen bringen. Wobei ich aber auch weiß, nur, wenn ich meine Arbeit gut mache und wenn ich Leistung bringe. Wenn die Spieler merken, der Adi (Spitzname von Adolf Katzenmeier) versteht was von seinem Job, dann kommt der Respekt von alleine. Man kann auch Achtung und Vertrauen dazu sagen. Aber erzwingen kann man es nicht. Hier haben die Götter den Schweiß und die Arbeit vor den Erfolg gestellt.

| Zur Person |

Adolf Katzenmeier (* 15. November 1934) betreute seit 1963 Mannschaften des DFB und andere Spitzensporter und seit 1980 die deutsche Nationalelf – er war bei sieben Weltmeisterschaften, acht Europameisterschaften und einmal bei Olympischen Spielen dabei.

Nach dem Testspiel gegen England im November 2008 endete seine Karriere als Physiotherapeut bei der deutschen Nationalmannschaft.

UEFA
Urkunde
Respekt!
Respekt!
Kein Platz für Rassismus
www.respekt.tv

Jeder hat Wertschätzung verdient

Johannes B. Kerner lief den Berlin- und den Hamburg-Marathon.

Wie definierst du Respekt?

Respekt spielt in meinem Leben eine ganz zentrale Rolle – und zwar auf verschiedenen Ebenen und in verschiedenen Formen. Ich hab zum Beispiel Respekt meinen Gästen gegenüber, die in meiner Sendung ihre Geschichte erzählen. Ich versuche nicht, abschätzig zu sein und mich nicht menschenfeindlich zu verhalten. Ich hab auch Respekt vor älteren Leuten, denn ich finde, von den meisten kann man irgendwas lernen, wenn man respektvoll mit ihnen umgeht und wenn man ihnen die Gelegenheit gibt, aus ihrem Leben und mit ihrem Wissen zu erzählen. Das sind alles Formen von Respekt, die in meinem Leben eine Rolle spielen – es ist im Grunde Respekt vor jedem Menschen!

Wie gehst du als Moderator mit Respekt um?

Ich versuche den Leuten so zu begegnen, wie ich möchte, dass sie mir begegnen. Das Ganze ist ein Geben und ein Nehmen. Und wenn man nicht vergisst, dass man in der Situation, in der man sich befindet, auch demütig sein kann, hilft einem das stellenweise weiter. Ich habe in den 20 Jahren einige kommen und gehen sehen. Man könnte sich zurücklehnen und schmunzeln und sagen: »Na, warte mal ab, bis die Nächsten kommen.« So sehe ich das nicht. Denn jeder hat seinen Wert, jeder hat Wertschätzung verdient! Das ist auch eine Form von Respekt! Ich muss ja nicht jeden heiraten oder jeden lieben. Es muss mich auch nicht jeder lieben. Und trotzdem kann man vernünftig miteinander umgehen.

Wie ist das, wenn ein Fußballer auf deiner Couch sitzt?

Es ist eine ganz lustige Situation, weil man eine stärkere Bindung hat zu den Fußballern, die ich teilweise schon viele Jahre kenne. Da ist es manchmal schwer, die Distanz in einer Gesprächssituation zu bewahren. Das sind Situationen, vor denen ich Respekt habe – und zwar Respekt im Sinne von Schiss. Da denke ich immer, dass ich mich besonders gut vorbereiten muss. Nicht, dass mir nachher jemand sagen kann, da hat der auf seinem Kerngebiet daneben gegriffen. Aber im Großen und Ganzen habe ich mit freundlichen Menschen zu tun. Und das, was ich mache, ist kein Hexenwerk und nichts Schweres. Wir reden einfach miteinander.

Dich kennt fast jeder in Deutschland – wie ist das, wenn du auf die Straße gehst?

Manchmal gibt es Leute, die einem eine Kassette ins Ohr drücken. Sie erzählen ihre Lebensgeschichte, weil sie denken, wenn ich den sehe, dann muss ich meine Lebensgeschichte erzählen. Aber im Laufe der Jahre lernt man, so was zu meistern und in einer freundlichen Art und Weise zu sagen, dass sie nicht Teil der Familie sind – auch wenn sie mich schon öfter im Fernsehen gesehen haben. Es gibt Menschen, die erzählen ungefragt Sachen und da muss man die Menschen vor sich selbst schützen. Aber auf eine freundliche Art und Weise – in den meisten Fällen geht das.

| Zur Person |

Johannes Baptist Kerner (* 9. Dezember 1964) ist deutscher Fernsehmoderator. Er engagierte sich 2006 als Botschafter für die Fußball-Weltmeisterschaft der Menschen mit Behinderung in Deutschland.

Man muss nicht jeden lieben und trotzdem kann man vernünftig miteinander umgehen, meint JBK.

Respekt!
Kein Platz für Rassismus

Diskriminierung geschieht zwischen den Zeilen

Gül Keskinler wurde für ihre hervorragende Arbeit mit dem Integrationspreis des Landes Hessen ausgezeichnet.

| Zur Person |

Günsel Gül Keskinler (Jahrgang 1960) ist Integrationsbeauftragte des Deutschen Fußball-Bundes. Die Betriebswirtin, die 1970 aus der Türkei übersiedelte, berät den Vorstand des DFB zu allen Fragen der Integration.

Was bedeutet Respekt für Sie?

Ich bin 1960 in Istanbul geboren und bis 1970 bin ich in meiner klassischen türkischen Familie erzogen worden. Meine Erziehung und mein Leben sind geprägt durch den Respekt untereinander – in der Familie, zu den Älteren, zu den Nachbarn, zu den Lehrern. Eben zu allen Menschen und auch zur Natur oder zum Essen.

Respekt bezieht sich für mich darauf, dass wir unser Umfeld und unsere Umwelt genauso behandeln müssen, wie wir selbst gerne behandelt werden wollen. Deswegen sollte es auch nicht nur einen respektvollen Umgang im Zusammenleben der Menschen geben, sondern auch gegenüber Tieren und der Natur. Und gegenüber allem, was wir uns im Leben geschaffen haben.

Wie entwickelt sich Respekt?

Respekt muss man sich hart erarbeiten, nicht nur in der Familie. Es heißt ja immer, Frauen wären Respektspersonen – insbesondere in türkischen Familien. Doch schon da muss man sich den Respekt als Frau hart erarbeiten. Genau wie im Berufsleben oder im Ehrenamt. Und zwar über Kompetenz, Fleiß und die gute Zusammenarbeit mit anderen. Denn einen »Respektvorschuss« bekommt man nur von ganz wenigen Leuten. Respekt ist ein im Alltagsleben sehr wichtiger Prozess, der in unserer schnelllebigen Zeit ziemlich verloren gegangen ist.

Haben Sie Diskriminierung erfahren?

Diskriminierung ist nicht plump. Diskriminierung ist aber auch nicht offen, sondern sie geschieht zwischen den Zeilen mit kleinen Botschaften, mit kleinen Gesten. Als ich 1970 als kleines Mädchen nach Deutschland kam, wurde ich immer wieder als »türkisches Mädchen« oder »Gastarbeiterkind« angesprochen – das tat weh. Es war keine Beleidigung, aber es tat weh, so ausgesondert zu werden.

Durch diese Aussonderung baut man sich im späteren Leben in der Schule oder auch im Berufsleben Schutzmechanismen auf – man bekommt eine dicke Haut, damit einen diese Diskriminierungsansätze nicht erreichen und verletzen können. Aber auch wenn man ganz sachlich an dieses Thema herangeht, sind Emotionen da. Daher appelliere ich immer wieder für einen behutsamen Umgang miteinander – an alle, auch an meine Kinder.

Wie hat sich die Erziehung verändert?

Ich durfte mit meinen Eltern nicht so lange diskutieren – das war nicht schön. Ich musste akzeptieren, was meine Eltern gesagt haben. Heute diskutieren wir viel mehr mit den Kindern, doch irgendwann muss man als Eltern auch mal sagen: »Jetzt ist es genug!« Solche Entscheidungen muss man auch im Berufsleben ständig treffen. Aber der Austausch mit den Kindern ist heute viel intensiver.

»Der Respekt geht in dieser schnelllebigen Zeit ziemlich verloren.«

DEUTSCHER FUSSBALL-BUN
Respekt!
Kein Platz für Rassism
www.resp

Wir bitten um gegenseitigen Respekt

Marlis Kieft ist bereits seit 1975 in der Kinobranche tätig.

Wie definieren Sie Respekt?

Respekt ist für mich Achtung und Ehrerbietung allen Menschen gegenüber. Respekt hat etwas damit zu tun, Menschenfreund zu sein. Respekt ist Toleranz und Akzeptanz und ist ganz besonders wichtig, was Hautfarben und Religionsgemeinschaften angeht.

Ist Ihnen persönlich schon mal Rassismus begegnet?

Man begegnet Rassismus an vielen Stellen – ich selbst erlebe das stärker als Zaungast. Man erlebt auf der Straße Kommentare zu andersfarbigen oder andersliebenden Menschen: »Neger, Kanake, Lesben, Emanzen«. Es gibt viele Begriffe, die man nicht nutzen sollte.

Wie empfinden Sie solche Worte?

Vor allem die Bezeichnung Neger ist nie positiv positioniert: Sie ist immer abwertend. Das ist zum Beispiel etwas, wo ich einschreite. Es ist ja immer die Frage, ab wann und wo man selbst etwas dazu beitragen kann, dass sich etwas ändert – bei diesen Bezeichnungen ist es wirklich sehr einfach. Das kostet einen nicht viel.

In Italien gibt es mehr offenen Rassismus in den Fußballstadien – warum ist das so?

Ich denke schon, dass uns Deutschen durch die Tragik oder das Unheil unserer Geschichte Vaterlandsliebe nicht wirklich gestattet ist. Denn aus zu viel Vaterlandsliebe ist ja mal was ganz Gruseliges entstanden. Darum haben wir eine große Distanz dazu. Die WM vor vier Jahren hat es uns eigentlich das erste Mal erlaubt, uns zu freuen und starke Gefühle zu zeigen. Aber es ist ungewöhnlich für uns.

Was denken Sie über Raubkopierer?

Rechteklau ist etwas ganz Gravierendes: Das ist hochrespektlos den Künstlern gegenüber, aber auch allen Auswertern gegenüber. Ich denke, das ist viel zu lange viel zu schwach geahndet worden. Heute kümmert sich eine Gesellschaft darum, die Ahndung stärker auszubauen, aber es ist sehr schwierig.

Wie ist das mit Respekt im Kino?

Kino machen ist eine große Herausforderung, denn aufgrund der demografischen Situation finden wir heute im Kino eine viel breitere Altersschicht als noch vor zehn Jahren: Junge, mittelalte und alte Menschen müssen sich unter einem Dach vertragen, sie gehen sogar manchmal in dieselben Filme. Da fühlen sich die Älteren sehr häufig gestört durch das Verhalten der Jungen. Doch die haben einfach eine ganz andere Art und Weise, Kino zu gucken: Sie quatschen miteinander, sie rascheln mit Popcorn – und die ältere Generation ist es gewöhnt, dem Film mit hoher Aufmerksamkeit zu folgen. Das gibt schon mal Stress und Beschwerden. Doch wir können ja nicht innerhalb des Saals die Menschen selektieren und wir können auch schwer reingehen und zur Ordnung rufen. Aber wir können das Thema möglichst oft ins Bewusstsein bringen: Wir bitten um gegenseitigen Respekt, denn wir möchten mit allen Altersgruppen unter einem Dach leben.

| Zur Person |

Marlis Kieft ist Geschäftsführerin der CineStar-Gruppe, die insgesamt 94 Filmtheater mit 145.000 Sitzplätzen betreibt.

Die CineStar-Gruppe wird in allen ihren Filmtheatern das neue Schild anbringen.

5
Respekt!
Respekt!
Kein Platz für Rassismus
www.respekt.tv

Rassismus gehört nirgendwo hin

Ein waschechter Frankfurter Jung.

Was bedeutet Respekt?

Was ist für mich Respekt? Ja, keine Ahnung. Für mich ist Respekt so, wie ich selbst auch behandelt werden möchte. Die Art, wie ich mit jemandem rede und wie ich mit ihm umgehe. Ja, das ist für mich Respekt.

Hast du schon mal Erfahrungen mit Rassismus gemacht?

Ich habe einen Stiefbruder, mit dem ich mal auf einer Kerb war. Und da hat ein ausländerfeindlicher Typ »Neger« zu meinem Stiefbruder gesagt. Das fand ich nicht so toll. Denn man soll jeden Menschen so behandeln, wie man auch selbst behandelt werden möchte. Wenn wir ins Ausland in den Urlaub fahren, sind wir auch Ausländer, und da wollen wir doch auch vernünftig behandelt werden.

Gibt es noch weitere Erlebnisse?

Ich habe zu diesem Zeitpunkt bei Hansa Rostock gespielt, wir hatten Pokalspiel gegen Schalke 04 – dort spielt der Gerald Asamoah. Er hat das 1:0 geschossen für Schalke und daraufhin haben die Fans ihn verspottet mit Affenrufen oder mit Gestiken. Wir als Spieler fanden das damals auch nicht toll, als wir das mitbekommen haben. Denn so was gehört im Sport überhaupt nicht dazu.

Wie steht's mit dem Respekt auf dem Fußballplatz?

Ich denke, auf dem Fußballplatz darf es auch ein bisschen hart zur Sache gehen, denn da geht es um Punkte und um Erfolg. Aber ich denke, man muss das alles in einem gewissen Rahmen halten – dass der Respekt voreinander schon vorhanden ist. Dass man einen nicht verletzen will oder dass man jemanden nicht wegen seiner Herkunft beleidigt.

| Zur Person |

Patric Klandt (* 29. September 1983) ist Profi-Fußballer und steht heute in der 2. Bundesliga für den FSV Frankfurt im Tor. Früher spielte er für die zweite Mannschaft des FC Hansa Rostock.

Patric Klandt gehört ebenfalls zu der kleinen Gruppe, die »Kein Platz für Rassismus!« von Beginn an unterstützte.

VGF
LEGEA
Respekt!

Es gibt eine Krise der Männer in der Migration

Sanem Kleff schrieb zahlreiche Bücher zum Thema »Interkulturelles Lernen«.

Was bedeutet Respekt für Sie?

Respekt ist das, was zwischen zwei Menschen passiert, wenn beide Menschen sich dessen bewusst sind, dass sie jeweils einem Menschen gegenüberstehen. Punkt. Wenn der eine sich in dem anderen erkennt, dann werden sich Menschen so verhalten, wie ich es als respektvoll beschreiben würde.

Wie können sogenannte Ehrenmorde verhindert werden?

Ich bin dafür, sachlich zu bleiben bei der Beschreibung dessen, worum es geht: Es geht darum, dass Menschen, die aus einer patriarchalen Gesellschaftsform kommen, sich jetzt verändern sollen und sich sehr schwer damit tun. Ich glaube, wir haben es mit einer großen Krise der Männer in der Migration zu tun!

Diese Männer können ihre Rolle als die Herren, die Starken nicht erfüllen. Sie sind in einer großen Krise – und in der Krise werden sie gewalttätig gegenüber denen, die schwächer sind als sie, gegenüber ihren Töchtern und Frauen, aber auch ihren Söhnen, solange sie jünger sind. Diese fatalen Gewaltbeziehungen in der Familie kann man nicht tatenlos hinnehmen! Doch überhaupt nicht hilfreich sind Debatten wie in den letzten zwei bis drei Jahren, die letztendlich darauf hinausliefen, zu sagen: »Alle Männer mit muslimischem Background sind grundsätzlich frauenfeindlich, aggressiv, gewalttätig, zwangsverheiraten ihre Töchter und schlagen ihre Frauen«.

Was tun Sie bei »Schule ohne Rassismus, Schule mit Courage« gegen diese Probleme?

Wir arbeiten mit den »kleinen Männern«, mit den Jungs. Es geht darum, ihnen die Option zu geben, ein anderes Männerbild von sich entwickeln zu können. Denn wir sollten andere Männer ins Leben dieser kleinen Jungs bringen. Wenn ich einen Wunsch freihätte für das Bildungssystem, würde ich mir wünschen, es gäbe ganz viele Männer mit Migrationshintergrund als Erzieher, die mit den ganz kleinen Jungs arbeiten. Denn Role-Models[1], die sich nicht nur über Muskelkraft definieren, wären hilfreich für diese Jungs. Sie sind nämlich orientierungslos. Wir möchten dazu beitragen, dass in der Schule das Positive in diesen kleinen Jungs gestärkt und das Negative geschwächt wird. Im Sport zum Beispiel können die Jungs Erfolgserlebnisse haben, sie können ohne Gewalt erfolgreich sein und Sieger sein, ohne jemandem Gewalt anzutun.

Welche Rolle spielt der Fußball?

Ich halte Fußball für eine sehr gute Erfindung der Menschheit, damit all die Männer – jetzt betone ich ausdrücklich die Männer –, die einen Überschuss an Energie und Kraft haben und die sich unbedingt aneinander messen und Gewinner auch sein wollen, lernen, wie wunderschön es ist, wenn sie das im Rahmen eines Fußballspiels machen können. Es ist eine wunderbare Empfindung, die sehr dazu angetan ist, Gewalt, Aggressionen, aber auch einfach Kraft abzubauen, zu organisieren und in eine produktive Bahn zu lenken.

[1] *Vorbilder, Rollen-Modelle*

| Zur Person |

Sanem Kleff (Jahrgang 1955) ist eine deutsche Pädagogin mit türkischen Wurzeln, die das europäische Projekt »Schule ohne Rassismus – Schule mit Courage« im Auftrag des Vereins »Aktion Courage e.V.« in Berlin leitet.

Sanem Kleff arbeitet mit den »kleinen Männern« an einem anderen Männerbild.

I HAVE A DREAM
RACISM

Nur zusammen hat man Erfolg

Johnny Klinke wurde 2007 mit der Goethe-Plakette ausgezeichnet.

Wie definierst du Respekt?

Ich sage dir erstmal, was ich nicht für Respekt halte: Der Tigerpalast liegt ganz in der Nähe des »Weltkulturerbes« Konstablerwache. Wenn man da über die Ampel geht und es ein bisschen eng ist, rempelst du schon mal einen an von den jungen Helden. Da sagt der zu mir: »Hast du keine Respekt vor mir, kriegst du Messer!« Glaubst du, ich habe vor dem Respekt? Gleich welcher Religion er ist oder wo er herkommt, das ist die Arschlochkarte Respekt.

Jetzt sag ich dir, was ich wirklich von Respekt halte: Dieses Wort ist überstrapaziert! Es benutzen Leute, die in Wirklichkeit den Inhalt und das Lebensgefühl von Respekt niemals konsequent leben, sondern nur das große Maul haben. Aber Respekt funktioniert ganz anders: Respekt fängt dann an, wenn es schwierig wird. Nicht in den Sonntagsreden, wenn sich die Klugen der Nation aussprechen, wie wichtig es ist, dass wir alle schön zusammenleben. Nein, Respekt fängt da an, wo es eng wird.

In dieser Stadt, die die spannendste Deutschlands ist, leben Menschen aus 200 Ländern. Es gibt Rangeleien, es gibt Rassismus, es gibt Gewalt, es gibt alles Mögliche. Nur eins gibt es nicht: dass das offen umkippt, dass das zu brennenden Ausländerwohnheimen geführt hat! Darum bin ich sehr stolz, dass die 68er und andere Dinge hier zusammenkommen, dass so etwas Offenes und Tolerantes in dieser Form hier möglich ist.

Hat die Bankenkrise Auswirkungen auf das Showbusiness?

Wir haben einen starken Privatkundenstamm, die Leute kommen am Wochenende zum Teil von weit her. Der Tigerpalast ist stark, weil er so klein und beweglich ist und weil er eine hohe Qualität hat, die in der Krise nicht gelitten hat. Die Leute sehnen sich nach Glaubwürdigkeit, nach Erkennbarkeit und nach einem stimmigen Preis-Leistungs-Verhältnis. Darum haben die Kabarettisten Konjunktur, weil die Leute nach einem Sinn suchen! Und Varieté ist zeitlos.

Du bist ein Kind dieser Stadt – wie hat sich dein Leben verändert?

Sehr. Wir waren 20 Jahre lang die härteste Opposition dieser Stadt – wir wollten das pure Leben. Heute haben wir schon mehr als 20 Jahre Tigerpalast hinter uns, eine lebendige Großstadtinitiative. Ein Institut, wie es in Europa kein zweites gibt. Wenn du 20 Jahre dagegen warst, kannst du auch 20 Jahre dafür sein – so ist mein Leben. Die anderen 20 Jahre waren auch gut, da war ich der Schülerrebell. Ich kann mich nicht beschweren.

Diese Stadt ist großartig, hier kann jeder machen, was er will. Auch das Falsche. Aber diese Stadt hat eine Sehnsucht – nach der Championsleague. Nicht nur im Fußball, sondern nach den internationalen, großen Emotionen. Das haben wir bei der WM am Mainufer gesehen, da war die Stadt auf einmal ein brodelnder, lebendiger Hexenkessel! Frankfurt kann für Momente explodieren!

| Zur Person |

Johannes »Johnny« Klinke (* 25. Juni 1950) ist Gründer und Direktor des Tigerpalasts in Frankfurt am Main. Er war Ende der 60er Jahre Mitglied der antiautoritären Studentenbewegung »Revolutionärer Kampf«, zusammen mit Joschka Fischer und Daniel Cohn-Bendit.

»Die Kabarettisten haben heute Konjunktur, weil die Leute nach einem Sinn suchen.«

Respekt!
Kein Platz für Rassismus
www.respekt.tv

Es gibt viele nette Kerle auf diesem Planeten

Jürgen »Kloppo« Klopp beherrscht alle Disziplinen im deutschen Profi-Fußball.

Wie hat sich Respekt in den letzten Jahren verändert?

Jeder erwartet den Respekt des anderen – aber nicht jeder ist bereit, ihn selber zu zollen. In den vergangenen Jahren haben sich viele Dinge verändert – zum Beispiel die Schimpfworte. Ein Satz wie »Deine Mutter ist eine PIEP!« wäre zu meiner Zeit niemandem über die Lippen gekommen.

Du bist prominent – ist dir gegenüber jemand respektlos?

Junge Menschen denken manchmal, dass sie mal so richtig loslegen können und wir Promis das nicht hören. Ich höre aber relativ gut und höre auch nicht absichtlich weg. Ein Beispiel: Mir tritt eine Gruppe von Jugendlichen sehr respektlos gegenüber mit Sprüchen wie »Kann ich mal mittrainieren, die können nichts etc.«. Dann greife ich mir den Wortführer raus, und wenn ich mit dem verbal fertig bin, wird er merken, dass er sich mit mir besser nicht angelegt hätte.

Respekt gegenüber Vorgesetzten – heute und früher?

Früher wurde der maximale Respekt eingefordert – aber nur der minimale Respekt gezollt. Ein Spieler hatte einfach nur zu funktionieren und Leistung zu erbringen. Denn damals herrschte ein extremes Obrigkeitsdenken. Heute sind die Hierarchien schon flacher geworden und das nicht nur im Fußball, sondern in der gesamten Gesellschaft. Doch als Trainer habe ich das Sagen und die Spieler machen, was ich sage – aber nicht ausschließlich aus Respekt, sondern AUCH aus Respekt mir gegenüber.

In meiner Mannschaft habe ich nur junge Kerle, die das Glück hatten, in einem gut funktionierenden Elternhaus groß zu werden. Doch es gibt andere, für die zählt nur das Gesetz des Stärkeren oder des Lauteren oder des Frecheren. Aber in meiner Welt zählt das alles nicht. Und das sage ich auch: Da gibt es richtig Feuer, um klar zu machen, dass das so nicht funktioniert.

Ist Fußball ein Platz ohne Grenzen?

Genau das ist das Beste am Fußball: Während des Balkankonflikts spielten in meiner Mannschaft Kroaten, Serben und Albaner – da konnte man auf dem Platz sehen, wie sinnlos dieser Krieg ist. Denn das waren alles super Jungs, die sich gut verstanden haben. Und zwei, drei Flugstunden entfernt war Krieg!

Im Fußball konnte man schon immer lernen, dass es viele nette Kerle auf diesem Planeten gibt – unabhängig davon, woher sie kommen. Der Fußball legt einfach nur ein paar Regeln fest, die zwar nicht von uns gemacht wurden, die aber jeder einhalten muss, der gut Fußball spielen will. Und es ist nicht wichtig, wo auf dieser Welt du geboren wurdest – wenn du dich an diese Regeln hältst, kannst du kicken. Und in einer Mannschaft darfst du dich nicht zu wichtig nehmen, aber trotzdem selbstbewusst sein. Das lernt man in anderen Lebensbereichen nicht einfach so – aber im Fußball ab dem fünften Lebensjahr nahezu jeden Tag. Das macht Fußball zu etwas Einzigartigem und uns zu ewig Lernenden!

| Zur Person |

Jürgen Klopp (* 16. Juni 1967) ist diplomierter Sportwissenschaftler, Fußballlehrer, -trainer und Kommentator. Bekannt wurde er mit Mainz 05, wo er von 1990 bis 2008 erst als Spieler und später dann als Trainer für Wirbel gesorgt hat – unter seiner Führung stieg Mainz in die 1. Bundesliga auf. Aktuell ist Jürgen Klopp der Trainer von Borussia Dortmund.

Auch ein Trainer muss topfit sein und darf sich nicht auf die faule Haut legen.

POWER

Ich habe immer die Grenzen abgecheckt

»Charly« Körbel trat 602-mal für die Eintracht in der Bundesliga an.

Was bedeutet Respekt für dich?

Respekt hat mein ganzes Leben lang bis zum heutigen Tag begleitet – ohne Respekt gegenüber anderen kann nichts funktionieren. Während meiner Laufbahn bei Eintracht Frankfurt hatte ich in mehr als 600 Spielen oft Gegenspieler, die ich nicht so mochte. Aber ich habe immer den Respekt gegenüber der Person in den Vordergrund gestellt. Das habe ich bis heute durchgezogen.

Wie zeigt sich Respekt auf dem Platz?

Beim Respekt gegenüber den Schiedsrichtern fängt es an: Ich habe mich gut verstanden mit den Schiedsrichtern und auch immer Respekt vor ihnen gehabt. Auch wenn ich denen immer wieder während des Spiels meine Meinung gesagt habe – manchmal auch über die Grenzen. Aber ich wusste immer ganz genau, wie weit ich gehen kann. Das haben die mir immer ganz klar abgesteckt, indem sie zu mir kamen und sagten: »Okay, Charly, das nächste Mal bist du draußen!« Ich habe immer genau die Grenzen abgecheckt und wusste genau, wann ich zurückschalten musste. Auch wenn wir uns angeschrien haben, bin ich nach dem Spiel hingegangen und habe mich entschuldigt. Das hat sich bis zum heutigen Tag nicht geändert.

Wie war das, als Cha Bum-kun[1] nach Frankfurt kam?

Es war eine ganz andere Zeit, als Cha Bum-kun hergekommen ist – er konnte die Sprache nicht und wusste nichts. Wir wussten ja im Grunde genommen auch nichts. Er war ein toller Fußballer, aber er hatte eine Maske auf. »Wie sieht der denn aus«, »Der predigt ja da oben« – wir haben über ihn gelacht. Aber alle hatten großen Respekt vor seiner Person und vor dem, was er gemacht hat. Er ging auch mal zu meinen Eltern und hat dort gebetet und das Haus gesegnet. Meine Eltern hatten großen Respekt vor ihm – meine Mutter erzählt heute noch von ihm, sie findet es toll, dass er sich nicht hat beeinflussen lassen. Er hat seine Schiene, er sagt: »Das ist für mich wichtig und das ziehe ich auch durch!« Ob die anderen lachen oder auch nicht, ob die mich mögen oder auch sagen »Du bist ein Schlitzauge« oder was auch immer, es war ihm egal.

Wie erziehst du deine Tochter?

Meine Tochter wird 16 und wir haben viele Probleme mit der Schule klären müssen. Zum Beispiel sollten sie ohne Vorbereitung einen Leistungstest machen – was passiert, wenn da ein Kind umfällt? Ich weise immer wieder darauf hin, dass wir auch eine Verantwortung gegenüber den Kindern und der Schule haben – man darf sich nicht alles gefallen lassen. Man muss auch den Konflikt mit dem Schulleiter suchen. Aber das Wichtigste ist Vertrauen. Deswegen kommen die Kinder auch zu einem und erzählen von ihren Problemen. Die Probleme der Kinder müssen Gehör finden. Denn sie haben noch keine Erfahrungswerte! Man muss Vorbild sein, aber die Kinder müssen ihre Persönlichkeit selbst finden und nicht uns kopieren!

[1] *Cha Bum-kun kommt aus Südkorea und ist ein tiefgläubiger Christ. Er spielte zu Beginn der 80er Jahre für Eintracht Frankfurt.*

| Zur Person |

Karl-Heinz »Charly« Körbel (* 1. Dezember 1954) war deutscher Fußballspieler und -trainer. Er spielte in seiner aktiven Zeit ausschließlich für die Frankfurter Eintracht. Heute leitet er die Fußballschule des Vereins.

Unser Retro-Ball gefällt Karl-Heinz Körbel besonders gut.

Frauen müssen sich durchkämpfen

Katja Kraus absolvierte 220 Bundesligaspiele für den FSV Frankfurt und wurde 1997 Vize-Weltmeisterin.

Was bedeutet Respekt für dich?

Die Wertschätzung anderer Menschen, den Dingen gegenüber, die sie tun und für die sie stehen. Also die Achtung und Anerkennung für verschiedene Lebensweisen, Ideale und Religionen.

Aktiv im Frauenfußball – Vorstand im Männerfußball. Wie geht das?

Ich habe das nicht geplant. Aber Fußball, Menschen und Kommunikation sind nun mal meine zentralen Lebensthemen, und ich glaube, wenn man qualitativ gut arbeitet und Dinge mit Enthusiasmus und Integrität tut, bieten sich immer Möglichkeiten.

Wird es mit den Jahren einfacher in dieser Männerwelt?

Als ich beim HSV anfing, waren die Widerstände deutlich geringer, als noch einige Jahre vorher in Frankfurt. Ich habe mich mein ganzes Leben mit Fußball beschäftigt. Aber das wird trotzdem nicht gleich gewichtet – es ist für viele Betrachter »nur« Frauenfußball. Doch Steffi Graf würde niemand attestieren, dass sie nichts vom Tennis versteht. Aber Fußball ist immer noch ein männliches Refugium und wird von den Protagonisten relativ hart verteidigt.

Muss eine Frau mehr leisten als ein Mann in vergleichbarer Position?

Ja. Vor allem sind die Ausschläge größer, wenn eine Frau Fehler macht. Deshalb ist es auch mein Anspruch, die Dinge immer bestmöglich zu machen.

Wann wird eine Frau eine Männer-Bundesligamannschaft trainieren?

Ich glaube, das ist wirklich noch ein weiter Weg. Ich bin mir sicher, dass es Frauen gibt, die fachlich gute Trainerinnen sind. Und im kommunikativen Bereich und ebenso in der Menschenführung sind sie wahrscheinlich sogar im Vorteil, weil sie einfach empathischer und offener sind.

Pressesprecher/-sprecherin – gibt es Unterschiede?

Es war eine tolle Zeit in Frankfurt, ich habe viel gelernt und eine Ausbildung »am lebenden Objekt« bekommen. Beim HSV sehe ich dennoch, dass es unserem Pressesprecher im Alltag oft leichter fällt: Er geht in die Kabine oder in die Dusche und holt einen Spieler, wenn es etwas zu besprechen gibt. Er bewegt sich ganz selbstverständlich unter den Jungs. Das macht manche Dinge leichter.

| Zur Person |

Katja Kraus (* 23. November 1970) war in den 90er Jahren Torhüterin der deutschen Nationalmannschaft und ist heute beim Hamburger SV im Vorstand verantwortlich für die Bereiche Kommunikation, Marketing und Sport.

»Wir Frauen haben es in der Männerwelt nicht leicht.«

HSV
HOLSTEN
HSH NORDBANK ARENA
Der Hamburger Weg
Respekt!
Kein Platz für Rassismus
www.respekt.tv

Zu Respekt gehört eine Menge Erfahrung

Stefan Kretzschmar war der erste »Punk« des deutschen Profi-Sports.

Was bedeutet Respekt für dich?

Respekt hat man Leuten gegenüber, die etwas erreicht haben. Doch das kann man nicht mit einem Satz erklären – das ist genauso wie mit der Liebe: Die Bedeutung ist so umfangreich, dass man das nicht einfach in einem Satz dahinsagt. Zu Respekt gehören eine Menge Erfahrung, die man gemacht hat und eine Menge Leute, die man kennengelernt hat.

Welche Erfahrungen hast du als »Handball-Punk« gemacht?

Unsere Gesellschaft versucht immer, Stars zu erzeugen. Und wenn man sie erzeugt hat, dann versucht man sie wieder herunterzureißen. Das ist ein Wechselprozess unserer Medienwelt. In Gummersbach war es für mich am Anfang schwer, ich hatte dort erstmal überhaupt keine Chance. Denn zu dieser Zeit war es weder chic noch lustig, tätowiert zu sein. Da gab es eher Gefängnis-Assoziationen und Fragen wie: »Wo kommt der denn her?«, »Was ist denn da passiert?« und »Was ist denn da schief gelaufen?«.

Dann wurden Tattoos chic und rebellisch – es wurde ein Hype daraus, der ausgeschlachtet wurde. Und die Sache hat sich verselbstständigt. Ich habe natürlich gerne jede Chance wahrgenommen, mich in der Presse einigermaßen gut darzustellen.

Deine Frau kommt aus Kuba. Habt ihr Erfahrungen mit Nazis gemacht?

Ich habe in den letzten 13 Jahren zusammen mit meiner Frau in Magdeburg keine negativen Erfahrungen gemacht. Zum Glück kamen nie auch nur annähernd fremdenfeindliche Situationen auf, ganz im Gegenteil: Wir sind sehr herzlich in Magdeburg aufgenommen worden.

Ich glaube nicht, dass der Osten naziverseuchter ist als Gesamtdeutschland. Das ist ein großes Klischee. Ich denke, dass es im Ruhrgebiet genau das gleiche Potenzial gibt. Im Osten sind die Gruppierungen sicherlich gewaltbereiter und Eskalationen häufiger als in den alten Bundesländern. Diese Brutalität erzeugt natürlich Schlagzeilen. Ich weiß, dass sich aus einer Unzufriedenheit und anderen Motiven heraus Gruppierungen bilden, die rechts denken. Diese Entwicklung ist nicht ungefährlich – doch ich persönlich kann darüber nichts sagen, da ich dort, wo ich gelebt habe, keine schlechten Erfahrungen gemacht habe.

Als die Mauer fiel, bin ich in Berlin zusammen mit einem Freund von Nazis zusammengeschlagen worden – er ist an den Verletzungen gestorben. Ich war mit Anfang 20 in der komplett anderen Szene unterwegs und organisiert. Denn ich fand die Szene sehr spannend und habe mich wohlgefühlt – bis zu diesem Tag. Und dann hab ich gesehen, zu was die rechte Seite in der Lage ist. Mit Wut im Bauch habe ich viele Interviews gegeben und teilweise auch Schlagzeilen in der BILD gemacht. Und dann kamen die Drohbriefe und auch andere, ganz gefährliche Situationen – damals in Gummersbach. Das hat dazu geführt, dass ich mich zurückgezogen und nicht mehr so offensiv geäußert habe.

| Zur Person |

Der geborene Leipziger Stefan Kretzschmar (* 17. Februar 1973) ist einer der erfolgreichsten deutschen Handballspieler.

Nach 421 Bundesligaspielen beendete er 2007 seine aktive Karriere und arbeitet seit 2009 als Handball-Experte für Sport1.

Respekt!
Kein Platz für Rassismus
www.respekt.tv

Respekt ist nur einvernehmlich möglich

Hellmut Krug ist Lehrer für Sport und Griechisch an einem Gymnasium.

Wie definieren Sie Respekt?

Respekt bedeutet in erster Linie Rücksicht. Es meint nichts anderes, als dass man seinen Mitmenschen achtet und ihn akzeptiert. Aber Respekt ist nur in einem gegenseitigen Einvernehmen möglich – wenn eine Seite nicht entsprechend reagiert, wird es schwer werden.

Ist es schwer, sich als Schiedsrichter auf dem Platz Respekt zu verschaffen?

Wenn Sie Schiedsrichter sind, haben Sie jedes Wochenende mit dem Thema Respekt zu tun – es ist eine wichtige Charaktereigenschaft oder ein Muss für den Schiedsrichter, sich Respekt zu verschaffen. Denn von vornherein besteht Respekt einfach nicht, obwohl es eigentlich so sein sollte. Denn ein Spieler, der sich innerhalb dieses Sportspiels bewegt, muss sich Regeln unterwerfen – er muss Regeln respektieren, also muss er eigentlich auch den Schiedsrichter respektieren.

Und wie ist das bei Fehlentscheidungen?

Wenn es Fehlentscheidungen gibt, sollte ich einen Fehler auch zugeben. Ich kann meinen Ärger vor der Kamera deutlich artikulieren, das ist mir auch passiert. Vor vielen Jahren ist ein Ball, der definitiv die Torlinie überschritten hatte, von mir nicht erkannt worden, das musste ich nach dem Spiel sehen. Und da führt auch kein Weg dran vorbei. Ich kann aber nicht sagen, dass das richtig war, wenn die Fernsehbilder eine andere Sprache sprechen. Wir müssen zu unseren Fehlern stehen, auch wenn es noch so bitter ist.

Wie hoch ist der Druck auf Schiedsrichter?

Diesen Druck erleben Sie während des Spiels nicht. Ein Schiedsrichter ist vor dem Spiel sehr angespannt, denn er weiß um die Bedeutung des Spiels. Sie sind ein Schnellrichter auf dem Platz! Und deswegen muss ich schnell entscheiden, ich muss wissen, dass ich auch einen Fehler machen kann. Das ist es, was mir auf dem Platz droht – und das macht einen Schiedsrichter nicht sicherer. Denn ein Schiedsrichter kann nur solange gut und sicher auftreten, wie er von seinen Entscheidungen überzeugt ist.

Sind Sie schon mal von Fans bedroht worden?

Diese negative Begleiterscheinung gehört leider dazu – auch ein junger Schiedsrichter muss schon einmal damit rechnen, bei seinen Spielleitungen beschimpft zu werden. Bei Jugendspielen sind es Eltern und Großeltern, die »ganz viel« vom Fußball verstehen. Später auf dem Dorfplatz sind es möglicherweise ein paar betrunkene Zuschauer. Dann sind es mehrere 100 oder 1.000 Zuschauer ... und schließlich geht es weiter in den Medien, die die ganze Sache auch noch anheizen. Je weiter Sie kommen, desto größer ist die Wahrscheinlichkeit, dass Sie Anrufe wütender Fans bekommen – mein Telefonanschluss war deshalb nicht mehr öffentlich während meiner aktiven Zeit. Aber: ausartende Beschimpfungen und Belästigungen stellen zum Glück eher die Ausnahme dar.

| Zur Person |

Hellmut Krug (* 19. Mai 1956) war bis 2007 Leiter der Fußball-Schiedsrichter-Abteilung beim Deutschen Fußball-Bund (DFB). Seitdem arbeitet er als Berater der Deutschen Fußball Liga GmbH (DFL) in Fragen des Schiedsrichterwesens.

Diese »Karte« passt in keine Brusttasche.

Respekt!
Kein Platz für Rassismus
www.respekt.tv
BUNDES
LIGA

Trainer leben Werte vor

Bruno Labbadia ist der Sohn einer italienischen Einwandererfamilie und arbeitet heute als Fußballtrainer.

| Zur Person |

Bruno Labbadia (* 8. Februar 1966) erhielt während seiner Zeit als Profi-Fußballer den Spitznamen »Pistolero von der Alm«. Als Trainer wechselte er 2009 zum Hamburger SV (HSV). Im April 2010 hat sich der HSV zwei Spieltage vor Ende der Bundesligasaison von Labbadia getrennt.

Was bedeutet Respekt für dich?

Viele fordern für sich Respekt ein, aber geben ihn an andere nicht weiter. Ich habe für mich entschieden, Menschen so zu behandeln, wie ich selbst gerne behandelt werden möchte – und genau das ist für mich Respekt.

Thema Respekt in einem Fußballverein – was sind die Herausforderungen und Schwierigkeiten?

Eine der größten Aufgaben eines Vereins, aber auch eines Trainers, ist es, Werte vorzuleben. In meiner Karriere habe ich viele Menschen erlebt. Was mich immer ein Stück angewidert hat, dass Menschen in einer hohen Position meinten, Leute in niedrigeren Positionen schlecht behandeln zu müssen. Für mich zeigt sich Größe, wenn eine Person in einer Top-Position auch Menschen, die niedrigere Dienste ausführen, einfach klasse behandelt.

Beim HSV legen wir großen Wert darauf, dass alle aus unserem Funktionsteam, ob zum Beispiel ein Physiotherapeut oder ein Platzwart, respektvoll behandelt werden. Im Fußball haben wir unglaublich gute Möglichkeiten, Werte vorzuleben, weil wir so stark in der Öffentlichkeit präsent sind – es gibt also auch positive Seiten, in der Öffentlichkeit zu stehen.

Hast du selbst Fremdenfeindlichkeit erlebt?

Meine Eltern kommen beide aus Italien. Natürlich gab es früher hier und da mal Ausdrücke wie »Spaghettifresser«, und das hat mich auch ein Stück geprägt. Eigentlich habe ich mich immer als Deutscher gefühlt, aber in solchen Momenten hatte ich eine Ablehnung gegenüber der deutschen Sprache gefühlt. Es hat mich auch ein Stück härter gemacht. Das ist aber eines der wenigen Dinge, die ich diesbezüglich erlebt habe. Ansonsten muss ich sagen, hab ich eine traumhafte Kindheit gehabt, weil wir natürlich einfach gut aufgewachsen sind und ich eine große Familie gehabt habe.

Wie sind deine Erfahrungen mit ausländischen Spielern im Fußball?

Wenn ich beim HSV mit ausländischen Spielern arbeite, versuche ich mir immer wieder vorzustellen, wie es wäre, wenn ich jetzt zum Beispiel nach Brasilien gehen würde und die Sprache und Kultur mir dort fremd wären. Wenn wir einen ausländischen Spieler holen, müssen wir auch ein Stück weit seine Kultur und seine Gewohnheiten mitberücksichtigen. Das heißt nicht, dass man alles duldet, sondern man muss versuchen, ihm zu zeigen, wie unsere Abläufe sind und gleichzeitig beachten, wie er bis jetzt gelebt hat.

»Man sollte sich in den Spieler hineinversetzen können, um ihn besser zu verstehen.«

Respekt
Kein Platz für Rassismus
www.respekt.tv
Fly Emirates
BL
HOLSTEN
LANGNESE
FAMILIENBLOCK

Respekt gegenüber Behinderten ist wichtig

Alexander Leipold erlitt mit 33 Jahren drei Schlaganfälle.

| Zur Person |

Alexander Leipold (* 2. Juni 1969) ist 21-facher deutscher Meister, vierfacher Europameister und zweifacher Weltmeister im Freistilringen.

Was bedeutet Respekt für dich?

Respekt bedeutet für mich Wertschätzung gegenüber jeder Person und jedem Lebewesen. Dieser Begriff hat einen sehr hohen Stellenwert für mich.

Wurdest du schon mal respektlos behandelt?

Im Zweikampf ist es wichtig, Respekt vor seinem Gegner zu haben. Nach den Sydneyvorwürfen haben sich Leute einfach aufgrund einer Überschrift respektlos verhalten: Ich wurde unter anderem als »Dopingschwein« bezeichnet – dies empfand und empfinde ich als niveaulos. Jeder sollte sich auf einer vernünftigen Ebene äußern und Dinge, die er sagt, erst überprüfen und nicht einfach ungeprüft übernehmen.

Du hattest einen Schlaganfall …

Es gibt ein schönes Plakat der Schlaganfallhilfe: *Ein Schlaganfall trifft nur ältere Personen. Ab 29.* – Ich war jung, Sportler und Nichtraucher. Als ich den Schlaganfall in Usbekistan hatte, waren es zum Glück nur Gefühlsstörungen. Als ich dann hier in Würzburg in der Uniklinik war, haben mich zwei weitere Schlaganfälle halbseitig gelähmt und mein Sprachvermögen blockiert. Da ist mir aufgefallen, dass oft der Respekt gegenüber Leuten, die sich nicht richtig artikulieren können, fehlt. Viele denken sich, dass derjenige eventuell – ich sag's mal übertrieben – blöd im Kopf ist. Doch ich war völlig klar im Kopf und wusste genau, was ich sagen wollte, aber es ging nicht über die Lippen.

Hat sich danach das Verhalten der Menschen dir gegenüber geändert?

Nach meinen Schlaganfällen bin ich auf Verständnis und Geduld gestoßen. Ich hatte große Schwierigkeiten beim Sprechen. Das hat mir die Augen für diejenigen geöffnet, die sich aufgrund einer Erkrankung/Behinderung nicht mehr richtig artikulieren können. Oft – so erging es mir ebenfalls – lallen diese, wissen jedoch genau, was sie sagen wollen. Hier muss einfach genauer zu- und hingehört und nicht nur mit einem halben Ohr aus Mitgefühl zustimmend genickt werden.

Was tust du, um diesen Respekt den Leuten zu vermitteln?

Als Botschafter der Deutschen Schlaganfallhilfe versuche ich, in den Medien Öffentlichkeit für das Thema zu schaffen. Aufklärung der Angehörigen und Motivation der Betroffenen sind für einen positiven Heilungsverlauf enorm wichtig.

Wie halten es Ringer untereinander mit dem Respekt?

Durch den Körperkontakt beim Ringen ist Respekt noch wichtiger – und auch innerhalb meiner Mannschaft, in der es viele Ringer mit Migrationshintergrund gibt. Manchmal necken sich Menschen im Spaß und beziehen hierbei Religion oder Herkunft mit ein. Das ist eine Grenze, die nicht einmal im Spaß überschritten werden darf. Als Bundestrainer ist es mir wichtig, dass in meiner Mannschaft jeder fair, wertschätzend und respektvoll miteinander umgeht.

Nicht »Olympiasieger«, aber »Sieger der Olympischen Spiele 2000 in Sydney«

Auf Augenhöhe wertschätzen und achten

Willi Lemke ist UN-Sonderberater für Sport im Dienst von Entwicklung und Frieden.

Was bedeutet Respekt für Sie?

Ich denke, dass der Begriff Respekt zum Ausdruck bringt, dass man jemanden auf Augenhöhe wertschätzt und achtet.

Wie haben Sie sich als Manager bei Werder Bremen Respekt verschafft?

In erster Linie durch Einsatz und durch Vorbildverhalten. Die Spieler müssen verstehen, dass derjenige, der da für sie arbeitet, nicht einer von ihnen ist – das wäre falsch. Respekt bei den Spielern kann man sich durch Kompetenz, Fleiß, Engagement und Zuverlässigkeit verschaffen.

Wie sehen Sie die neue Multikulturalität im Fußball?

Wenn dunkelhäutige Spieler für Deutschland spielen, dann ist das absolut positiv! Denn die Menschen sehen, dass wir nicht nur eine Mannschaft mit weißen oder hellhäutigen Spielern haben, sondern dass wir bunt gemischt sind. Warum soll nicht zum Beispiel einer mit einem asiatischen Hintergrund, der hier zugewandert ist und einen deutschen Pass hat, deutscher Nationalspieler sein? Dieses Multikulturelle finde ich total schön – es begeistert mich, wenn ich die Städte sehe, in denen alle sehr friedlich und gut miteinander leben. Wir brauchen eine geordnete Zuwanderung, das wäre absolut positiv für uns. Wo ist das Problem, wenn jetzt auch Spieler einer anderen Hautfarbe im Fußball auflaufen? Es ist doch Unsinn, dass wir Menschen uns unterscheiden und mehr oder weniger wert sein sollen, weil wir eine andere Hautfarbe, eine andere Religion oder andere Sprache haben.

Sie arbeiten für die Vereinten Nationen – können Sie die Lage in Afrika konkret verbessern?

Obwohl viel Positives im Bereich Entwicklung durch Sport erreicht wurde, gibt es immer noch einige Projekte, deren Ansatz verbesserungsfähig ist. Teilweise sind wir nicht nachhaltig genug. Wir müssen deshalb die Politiker vor Ort stärker in die Verantwortung nehmen. Wir können auch nicht für drei Jahre Geld geben und uns dann wieder zurückziehen. Wir müssen lokale Gruppen und nationale Regierungsvertreter mit einbinden. Die müssen sich mit dem Projekt identifizieren können und von Anfang an überzeugt sein, dass die Projekte auch wirklich gut sind und einen Wert darstellen. Nur wenn es uns das gelingt, kriegen wir Nachhaltigkeit rein. Es gibt Projekte, bei denen das funktioniert, aber auch einige, bei denen ich das Gefühl habe, dass es sich um ein Strohfeuer handelt. Es brennt einmal kurz auf, und dann erlischt es, und alles ist genauso wie vorher. Das ist eine ganz wesentliche Aufgabe, die ich in meinem kleinen Feld Sport umzusetzen versuche: zu koordinieren, die richtigen Menschen zusammenzubringen und die Projektträger und Geldgeber zu beraten und zu überzeugen, dass die Mittel am richtigen Ort und in einer guten Weise eingesetzt werden, um so für eine nachhaltige Veränderung der Lebenssituation der Menschen zu sorgen.

| Zur Person |

Willi Lemke (* 19. August 1946) war von 1981 bis 1999 Manager von Werder Bremen. Anschließend vertrat er die Interessen der Freien Hansestadt Bremen als Senator für Bildung und Wissenschaft sowie als Senator für Inneres und Sport (1999 - 2008). UN-Generalsekretär Ban Ki-moon ernannte ihn 2008 zu seinem Sonderberater für Sport.

Im DVA Sachbuch »Ein Bolzplatz für Bouaké« (256 Seiten, 19,95 €, ISBN: 978-3-421-04453-2) berichtet Lemke über die besonderen Herausforderungen seiner Tätigkeit.

Respekt!

Jedem gebührt das gleiche Maß an Respekt

Tobias Levels besitzt zwei Staatsbürgerschaften.

Wie definierst du Respekt?

Respekt ist in der Gesellschaft ganz wichtig: Egal, wo man herkommt, was man ist, welche Hautfarbe oder welchen Stand in der Gesellschaft man hat – jeder hat das gleiche Maß an Respekt, Achtung, Wertschätzung und Toleranz verdient.

Ist es schwer, ein Vorbild zu sein?

Es ist nicht schwer. Ich habe das für mich persönlich verinnerlicht. Diese Werte zu leben ist nicht anstrengend. Ich lebe einfach das, was ich gelernt habe und was ich bin und dann kommt es von ganz allein.

Muss nicht eigentlich jeder Verantwortung übernehmen?

So ist es – das sollte jeder für sich in der Gesellschaft wahrnehmen. Verantwortung ist wichtig, und wenn das jeder tun würde, hätten wir keine Probleme. Es gibt leider zu viele Leute, die die Verantwortung einfach wegschieben, die sagen: »Ich hab nichts damit zu tun, das sollen andere erledigen!« Hier entstehen große Probleme in der Gesellschaft.

Wie ist das mit der Rivalität zwischen Deutschland und den Niederlanden?

Ich bin nicht ganz so niederländisch, wie andere in der Truppe, denn ich bin in Deutschland geboren und aufgewachsen. Das ist eine gesunde Rivalität zwischen Holland und Deutschland im Fußball – aber bitte im Rahmen. Rivalität ist gut, aber nur auf den Sport bezogen und nicht außerhalb, was leider viel zu oft vorkommt.

In eurem Team sind viele Nationalitäten vertreten – macht das Spaß?

Einerseits macht es definitiv Spaß. Andererseits ist es nicht immer einfach, wenn viele Kulturen aufeinandertreffen – doch die Probleme muss man angehen und lösen. Gerade die Kommunikation ist nicht immer einfach, und jeder hat seine Eigenarten, weil alle aus verschiedenen Ländern kommen und teilweise an andere kulturelle, religiöse Dinge gebunden sind. Aber das ist ein Ansporn, alles unter einen Hut zu kriegen und trotzdem als Mannschaft aufzutreten und die Leistung abzurufen.

Kennen die jungen Spieler eigentlich die Vereinshistorie?

Das muss man zwangsläufig. Die deutschen Jungs, die aus der eigenen Jugend kommen, wissen das alle. Spieler, die von außerhalb kommen, kriegen das vermittelt. Jeder Spieler hat eine Raute mit nach Hause bekommen, um sich damit auseinanderzusetzen. Man sollte aber nicht zu sehr in der Historie schwelgen, denn die großen Zeiten sind vorbei, aber wir wollen da wieder hin! Die Spieler sollten sich bewusst sein, für welchen Verein sie da eigentlich spielen.

Hast du Erfahrungen mit Respektlosigkeit?

Wir haben mal mit den Amateuren in Magdeburg gespielt – Marvin Compper, der jetzt in Hoffenheim spielt, ist dort beschimpft und mit Affenlauten empfangen worden. Das sind Dinge, für die ich absolut kein Verständnis habe. Das hat keinen Platz in der Gesellschaft!

| Zur Person |

Tobias Levels (* 22. November 1986) spielt bei Borussia Mönchengladbach in der Defensive. Er ist in Deutschland geboren und hat niederländische Eltern.

Levels macht es Spaß, in einem Team mit vielen Nationalitäten zu spielen.

LEVELS
22
MÖNCHENGLADBACH
lotto
22
Respekt!
Kein Platz für Rassismus
www.respekt.tv

Bei uns haben Nazis keine Chance

Corny Littmann ist eine der schillernsten Personen in der bundesdeutschen Profi-Fußballszene.

Was bedeutet der Begriff Respekt?

Respekt heißt für mich, Menschen so zu nehmen und zu schätzen, wie sie sind. Eigentlich ganz einfach! Aber für viele Menschen ist das sehr schwierig, weil Menschen verschieden sind: Sie sind verschiedener Hautfarbe, verschiedener sexueller Orientierung und verschiedenen Geschlechts. Für mich aber ist jeder Mensch wertvoll und man hat ihn zu respektieren.

Wie schwer ist es, sich im Profi-Sport als schwul zu outen?

Mein Weg als Schwuler ist ein sehr langer Weg: Ich habe bereits Anfang der 70er Jahre nicht nur meinen Eltern, sondern auch meinen Freunden, meinen Mitstudenten und später auch öffentlich auf Demonstrationen erklärt, dass ich schwul bin. Das war lange bevor ich Präsident wurde. Also was hätte ich tun sollen, als ich zum Präsidenten vom FC St. Pauli ernannt wurde? Da war ich bereits stadtbekannt als Theatermacher, und es wäre sehr merkwürdig gewesen, wenn ich auf einmal meine sexuelle Neigung geändert hätte – nur, weil ich Präsident geworden bin. Natürlich war das für die Öffentlichkeit und den Fußball eine Ausnahme, aber die Aufmerksamkeit hat ziemlich schnell nachgelassen. Dann hat man sich auf das Wesentliche konzentriert und das ist auch gut so.

Wann ist es für Fußballer möglich, sich offensiv zu outen?

Mein öffentliches Schwulsein ist ja Teil meiner Lebensgeschichte, insofern für mich ganz normal. Für einen Fußballspieler, der vielleicht am Anfang seiner Karriere steht, wäre es fast Selbstmord, sich als schwul zu outen. Das hat aber gar nicht so viel mit den Fans und der Öffentlichkeit zu tun, wie viele vielleicht denken. Ich glaube, es hat im Wesentlichen etwas damit zu tun, dass ein Profi-Fußballer in aller Regel zwei, maximal drei Jahre in einem Verein bleibt. Er weiß ja vorher nicht, zu welchem anderen Verein er wechseln wird und er weiß nicht, wie dort die Verhältnisse sind. Ein Spieler beim FC St. Pauli hätte sicher keine großen Probleme – ganz im Gegenteil: Er würde für seinen Mut von den Medien und auch von den Fans gefeiert werden. Aber wie lange bleibt er beim FC St. Pauli? Wo landet er danach? Dort liegen, glaube ich, die großen Probleme. Weil die Vereine ja einen sehr unterschiedlichen Umgang haben, was das Schwulsein betrifft. Da ist es nur allzu verständlich, dass sich kein Profi-Fußballer in naher Zukunft outen wird.

Was macht St. Pauli so speziell im Vergleich zu anderen Klubs?

Bei uns haben bekanntermaßen Nazis keine Chance. Dass diese Haltung über den Fußball hinaus geht, ist allen klar. Sie strahlt natürlich auch ab auf alle Lebensumstände. Und auch auf die der Spieler, der Vereinsmitglieder und der Funktionäre. Ganz klar: Wir sind stolz darauf, Grundsätze zu vertreten, die unserer Meinung nach zu einem guten Verein gehören. Und diese Grundsätze vertreten wir auch ganz offensiv.

| Zur Person |

Cornelius »Corny« Littmann (* 21. November 1952) gründete Ende der 80er Jahre das Schmidt Theater auf St. Pauli. Die Mitgliederversammlung des FC St. Pauli wählte 2003 den bekennenden Homosexuellen zum Präsidenten des Vereins. Im Mai 2010 ist Corny Littmann als Präsident des FC St. Pauli zurückgetreten.

FC St. Pauli – erstklassig und mit klarer Kante.

Respekt!
Kein Platz für Rassismus
www.respekt.tv

Es gibt eine positive Respektlosigkeit

Walter Lochmann mag keine falsche Rücksichtnahme.

Was bedeutet Respekt für dich?

Respekt ist für mich die Grundlage des Zusammenlebens. Es geht nicht ohne, dass die oben die unten respektieren – und umgekehrt!

Wie hast du Respekt erlebt?

Meine Generation hatte die Zukunft vor sich: Wir hatten Gewerkschaften und die SPD, die gesagt haben: »Arbeiterkinder an die Unis!« Heute haben viele Migrantenkinder keine Lobby, die dafür sorgt, dass deren Potenziale genutzt werden.

Wie ist das im Sport?

Mit Vorurteilen hat man im Sport viel zu tun: Da gelten die südländischen Spieler als ballverliebt, die Deutschen eher als kampfstark. Manchmal ist da ein bisschen was dran – man kann sich damit auseinandersetzen. Das geht von der Vergabe von Sportplätzen bis hin zum respektvollen Umgang im Spiel. Da hat sich in den letzten Jahren einiges getan. Der Landessportbund und der hessische Fußballverband haben Richtlinien erlassen, die Satzungen wurden geändert – nun kann fremdenfeindliches Verhalten von Zuschauern und auf dem Spielfeld bestraft werden. Doch es gibt noch viel zu tun.

Hat dein Engagement Auswirkungen auf deine Arbeit?

Es gibt viele Funktionäre und Trainer, die froh sind, dass das Thema offensiv ausgesprochen und von Prominenten unterstützt wird. Wir haben zusammen mit der Sportjugend ganz neue Modelle entwickelt: So wird zum Beispiel nicht mehr nur auf Wettkampf trainiert, sondern die Mannschaften werden bunt gewürfelt: Wir hatten ein Turnier mit türkischen, jüdischen, afrikanischen und deutschen Spielern, die während des Turniers gemischt wurden, sodass tatsächlich jeder mit jedem gegen jeden gespielt hat. Mädchen und Jungs zusammen. Es ist einfach toll, was der Sport da im Alltag leistet.

Wie war der Respekt früher?

Wir kennen viele Zitate von Philosophen aus dem antiken Griechenland, die beklagten, dass die Jugend nicht mehr respektvoll mit dem Alter umgeht. Das ist ein Generationenkonflikt. Doch es gibt auch eine positive Respektlosigkeit – man glaubt nicht einfach, dass jemand recht hat, weil er vorne steht oder eine bestimmte Funktion in der Hierarchie hat. Manchmal muss man den Mut haben zu sagen, dass man etwas nicht möchte. Da braucht man keine falsche Rücksicht zu nehmen und das verstehen die Kids in der Regel ganz gut.

Wie wichtig ist die Arbeit von Prominenten?

Was mich begeistert an der Aktion »Respekt! – Kein Platz für Rassismus« ist, dass es immer wieder gelingt, Prominente zu gewinnen. Gerade in der Provinz, wo die Welt vermeintlich noch in Ordnung ist, ist es ganz wichtig, diejenigen, die sich gegen Rassismus und für respektvollen Umgang miteinander einsetzen, zu unterstützen. Und deshalb finde ich es klasse, dass hier 100 Leute sagen: »Respekt! – Kein Platz für Rassismus«. Davor habe ich Respekt!

| Zur Person |

Walter Lochmann (* 30. Juli 1957) ist ehrenamtlicher Bildungs- und Integrationsbeauftragter beim Sportkreis Wetterau.

Viele Funktionäre und Trainer sind froh, dass das Thema Rassismus offensiv angesprochen wird.

Antiidiotikum®
Wirkstoff: Placebo
Zur Steigerung niedriger Intelligenzquotienten
10 Pfefferminz-Blister IQ130
Respekt!
Respekt!

Respekt bewahrt die Würde

Peter Lohmeyer spielt den Bergarbeiter Richard im »Wunder von Bern«.

Was bedeutet Respekt für dich?

Es ist gut, wenn man Respekt hat. Man muss aber auch aufpassen, dass man nicht so viel Respekt vor etwas hat, dass man Angst hat. Heute geht Respekt ein wenig verloren – deswegen machen wir diese Aktion ja. Denn sowohl im Alltag als auch untereinander ist Respekt etwas ganz Gesundes.

Musstest du als Schauspieler schon mal in eine Rolle schlüpfen, die mit Respekt oder Respektlosigkeit zu tun hatte?

Beim Film »Wunder von Bern« geht's viel um Respekt: In diesem Film habe ich mit meinem eigenen Sohn gespielt. Da geht es um den Respekt vorm Vater – doch damals war eine ganz andere Zeit, in die ich nicht zurück möchte. Im Film tauchen zwei auf, die sich eigentlich lieben, aber es hindert sie die Konformität, an die sie gebunden sind. Der Vater verlangt gewissermaßen einen »Überrespekt«, ein Gehorchen, das der Junge nicht geben kann. Er kann es auch gar nicht verstehen, da er gefühlsmäßig viel zu weit weg ist von seinem Vater. Deswegen gibt es eigentlich auch in jeder Situation einen anderen Respekt: einen Familienrespekt oder einen Straßenrespekt. Bei jedem Respekt geht es eigentlich darum, ohne Gewalt miteinander klarzukommen. Im »Wunder von Bern« gibt es eine Szene, da klatsche ich meinem Sohn völlig grundlos eine. Schlussendlich geht es darum, diese Situation so aufzulösen, dass jeder seinen Stolz behält. Je mehr ich erzähle, um so klarer wird mir, was Respekt eigentlich ist: Respekt ist dafür da, die Würde zu bewahren!

Bitte lies uns die Postkarte vor, die du bekommen hast.

Ich lese das mal vor: »*Sehr geehrter Herr Lohmeyer, dies umseitig ist ein Teil Ihrer Heimat, das obere Sauerland (Peter Lohmeyer ist dort geboren). Sie sind ein gern gesehener Schauspieler und Mensch – doch nichts für ungut – muss man deshalb dann auch einen farbigen Menschen zeugen?! Das ist Meinungsfreiheit und tut sicher weh, jedoch uns bewussten Deutschen auch. Denn wir sind während 3.000 Jahren zu Deutschen gewachsen – aus Kelten, Germanen, Slawen – und das verpflichtet. Abwanderung tut not! Für Weltfrieden!*« Ganz feige mit Schreibmaschine geschrieben!

Wie empfindest du das?

Das ist eine riesige Respektlosigkeit – bis tief unter die Erde. Einerseits ist es traurig, andererseits habe ich die Karte aufgehoben, um meinen Kindern zu zeigen, dass es solche Idioten gibt, die so was schreiben. In meinem Jahrhundert gab es ganz viele von diesen Idioten – und deshalb hatten wir einen Weltkrieg, und Millionen von Menschen wurden vergast. Wenn man diese Postkarte liest, riecht das nach dieser Zeit. Und leider sterben diese Idioten nicht aus.

Der Hintergrund ist, dass ich einen 16-jährigen Sohn habe, dessen Mutter Halbnigerianerin ist. Das heißt, er ist quasi ein Viertel Mulatte. Ich sag immer Café con leche. Wie soll man eine Hautfarbe beschreiben? Wenn einer fragt – wie soll ich dann antworten? Ocker oder was? Was ist das für ein Quatsch ...

| Zur Person |

Peter Lohmeyer (* 22. Januar 1962) ist deutscher Schauspieler und großer Fan von Schalke 04. Er ist Mit-Herausgeber dieses Buches und mit Sarah Wiener verheiratet.

Respekt – für Peter Lohmeyer keine »schräge« Sache, sondern eine Herzensangelegenheit.

Respekt!
Kein Platz für Rassismus
www.respekt.tv

Respekt ist auch bei kleinen Dingen wichtig

Patrik Meyer arbeitete ein Jahr als Berufsmusiker in Kanada und der Schweiz.

Was bedeutet Respekt?

Respekt ist auf jeden Fall ein Begriff, den man auf vielen Ebenen ausleuchten kann: Angefangen beim großen Begriff Respekt, der sich auch in eurer Kampagne wiederfindet, bis hin zu Kleinigkeiten, wie dem Respekt vor Dingen. Wir sind hier in einem Fußballstadion – es geht auch um Respekt vor diesem neuen Stadion. Es geht also vom Respekt vor Dingen bis hin zum Respekt vor Religionen und was es sonst noch alles gibt. Es gibt einfach unheimlich viele Ebenen für diesen Begriff.

Was halten Sie von der Veränderung des Schildes?

Ich finde die Erweiterung um den Begriff Respekt super, und das Schild zeigt die Erweiterung der Kampagne! Es passt gut, dass es nicht mehr nur etwas mit unterschiedlichen Hautfarben zu tun hat, sondern Respekt gilt ja genauso für die gegnerische Mannschaft oder auch den Schiedsrichter.

Wie verhält sich das mit Rassismus in deutschen Stadien?

Hier in Frankfurt habe ich das Gefühl, dass Rassismus kein Problem ist. Und auch bundesweit habe ich keine große Sorge, dass Rassismus wirklich noch tagesaktuell für uns ist. Aber deswegen ist die Erweiterung auch wichtig, um zu sagen, dass es um mehr geht – letztendlich um Respekt vor jedermann!

Fußballstadien sind eine Sache, aber ich bin beruflich viel unterwegs – und wenn man auf Flughäfen oder Bahnhöfen mit vielen Leuten in Kontakt kommt, merkt man, dass jeder nur seinen Weg geht, man rempelt sich ziemlich oft an. Wenn man aber ein bisschen aufpasst und schaut, wohin man eigentlich geht und wer einem gerade begegnet, dann ist es schon leichter, auf einem überfüllten Bahnhof zurechtzukommen! Und das ist auch wieder eine ganz kleine Form von Respekt: Nicht nur zu gucken, wo ich gerade entlang gehe, sondern auch, wer mir gerade entgegenkommt und welchen Weg jemand nimmt. Bei solchen banalen Sachen fängt Respekt – sinnvoller Respekt – schon an.

Was ist das Schönste, das jemand über dieses Stadion gesagt hat?

Der Stimmungsaspekt – und dann aber auch, dass einen das Stadion nicht erdrückt. Es ist eine leichte Konstruktion, die wie ein Zeltdach wirkt. Und der Videowürfel wird oft als etwas Seltenes hervorgehoben. Das Gebäude ist nicht so wuchtig, aber die Stimmung ist trotzdem knallhart.

Gab es Feedback von den Spielern zum Stadion?

Von Spielern konkret nicht. Aber es gibt hier einen Running Gag: Wir bewerten die Respektlosigkeit der Leute daran, wie lange sie sich Zeit lassen, um uns auf das kaputte Dach anzusprechen. Wenn einer schon nach 30 Sekunden sagt: »Ach, Sie sind der Chef der Commerzbank-Arena? Da war doch was mit dem Dach …« sagen wir immer: »Danke, dass Sie uns nach fünf Jahren noch mal dran erinnert haben. Wir hätten es fast vergessen. Aber jetzt, wo Sie es gesagt haben …«

| Zur Person |

Patrik Meyer (* 18. September 1968) ist Betriebswirt und arbeitete früher bei einem Konzertveranstalter. Seit 2005 ist er Geschäftsführer der Betreibergesellschaft der Commerzbank-Arena in Frankfurt.

In der Commerzbank-Arena hing bis Mai 2010 das Schild der alten Kampagne »Kein Platz für Rassismus«, seit kurzem ausgetauscht gegen »Respekt!«.

Respekt!

Früher war es offener und persönlicher

Andreas »Andi« Möller wurde 1990 Fußball-Weltmeister in Italien.

Was bedeutet Respekt für dich?

Respekt sollte man jedem Menschen zukommen lassen. Die Menschen untereinander müssen sich viel mehr respektieren und akzeptieren. Das Wort Toleranz fällt mir auch sofort ein. Und ich denke, wenn jeder an diese Grundbegriffe denkt, kommen wir schon mal einen Schritt weiter.

Wie bist du aufgewachsen?

Das ist ganz einfach erzählt: Man muss die Schule ein bisschen vernachlässigen – nein, das ist jetzt Spaß. Denn Schule ist schon wichtig, aber die Schule hat ein bisschen unter dem Fußball gelitten. Ich bin ganz normal aufgewachsen: Meine Eltern sind beide arbeiten gegangen, ich komme aus einer Gegend, in der viele Nationalitäten zuhause waren. Und vor dem Hochhaus, in dem ich im 7. Stock gewohnt habe, gab es einen Bolzplatz – und wir haben jeden Tag Fußball gespielt. Das war das Allerschönste. Der Fußball war das Wichtigste überhaupt für mich – und natürlich meine Freunde. Ich denke, ich bin wie die meisten Fußballer in normalen Verhältnissen aufgewachsen.

Was ist heute anders im Training?

Das Persönliche ist ein bisschen verloren gegangen. Das ist das Computerzeitalter. Früher haben wir nach dem Bolzen noch stundenlang zusammengesessen und über die Welt philosophiert. Heute hast Du Stützpunkttraining und danach geht es nach Hause. Wenn etwas ist, dann chattest Du oder rufst mit dem Handy an und klärst es. Dazu kommt, dass die Bolzplätze weg sind, da stehen heute Eigentumswohnungen. Heute wird alles mehr in ein Schema reingedrückt. Früher war alles viel offener und persönlicher.

Was hat dir der Fußball als Kind gebracht?

Ich gehöre noch zu der Generation »Straßenfußballer«. Das Freizeitangebot war zu 90 Prozent auf Fußball ausgelegt – Tennis war der Sport der Reichen, genau wie Golf. Fußball war das Einzige, was erschwinglich war. Vielleicht hat man später mal ein Skateboard bekommen oder so, das war auch okay. Aber Fußball stand als Freizeitangebot im Vordergrund. Denn das war für jeden erschwinglich.

Fußball hat einem viel gegeben: Wenn man in der Schule schlecht war oder Probleme hatte in der Ausbildung und ist dann zum Training gefahren und konnte da kicken – das war der Ausgleich für Negativerlebnisse! Mich hat das zum Beispiel hochgehalten. Schlechte Noten in der Schule, und wenn Du dann zum Training bist oder zum Kicken runter auf die Straße … das war wie eine Art Befreiung. Das war toll.

Schwalbe oder nicht?

Das ist passiert, es ist nicht mehr zu ändern. Klar war es eine Schwalbe, das hat ja auch jeder gesehen. Aber da wurde ein Drama draus gemacht, das war nicht mehr normal. Wenn ich da an die Bild-Zeitung denke: »Sperrt ihn sofort!« Als hätte ich einen umgebracht …

| Zur Person |

Andreas Möller (* 2. September 1967) ist ehemaliger deutscher Profi-Fußballer, der unter anderem für Eintracht Frankfurt, Borussia Dortmund und den FC Schalke 04 spielte.

Seit 2008 ist Andi Möller Manager bei Kickers Offenbach.

Respekt!
Kein Platz für Rassismus
www.respekt.tv
Block D
Reihe 7
Platz 1
Block D
Reihe 8
Platz 1
Block D
Reihe 8
Platz 3
Block D
Reihe 06
Platz 02
Block D
Reihe 06
Platz 03

Spaß machen ist erlaubt

Henni Nachtsheim ist bekennender Eintracht-Frankfurt-Fan.

Frankfurt versus Offenbach – ist das Rassismus?

Wenn ich mir die ganzen Witze anhöre, die Frankfurter über Offenbacher machen oder Offenbacher über Frankfurter, dann ist das schon grenzwertig. Aber ich muss selbst auch darüber lachen und fühle mich dennoch nicht als Rassist. Ich glaube, wenn wir wissen, dass das alles nicht todernst gemeint ist, wenn man ein bisschen damit spielt, dann ist es erlaubt. Wenn es aber ernsthaft oder verkrampft wird, dann ist es sicher eine Vorstufe zu rassistischem Verhalten. Ich habe das zum Beispiel erlebt, als ich meine letzte Platte gemacht habe: Sie wurde in Offenbach aufgenommen. Im Eintracht-Forum gab es dann einen Vollidioten, der geschrieben hat, diesen Eintracht Song dürfe man nicht kaufen, weil er in Offenbach im Studio aufgenommen wurde. Da hört es für mich auf – das ist einfach nur noch dumm!

Theater und Fußball, geht das zusammen?

Diese Frage lässt sich nicht so einfach beantworten. Bei meinen Lesungen wissen die Leute nach 25 Jahren Badesalz, dass ich kein ernster Mensch bin. Sie kommen schon mit einer gewissen Lachbereitschaft, denn so ist das Programm auch aufbereitet. Man kann extrem humorvoll mit den Themen Fußball und Rassismus umgehen: Zu meinem Programm, das kein reines Eintracht-Programm ist, kommen sowohl ältere Damen als auch Typen im Trikot. Ich hatte ja auch angekündigt, dass gerne Leute kommen können, die nicht fußballaffin sind – denn die kommen auch auf ihre Kosten.

Du bist bekennender Eintracht-Fan. Wofür steht der Verein?

Er stand früher mal für hessische Großmäuler, die vergessen haben, ihren Job zu machen. Das hat dem Verein unheimlich geschadet. Er steht vor allem aber für die ganze Region: Der Verein wird geliebt, er steht für eine lange Geschichte und damit auch für Tradition.

Warum stehen Intellektuelle auf Fußball?

Weil man sich inzwischen gerne mit Fußball schmückt. Bei Politikern ist das doch leicht durchschaubar: Das ist wie im Wahlkampf, wenn Herr Steinmeier mit einem Helm auf dem Kopf einem Arbeiter die Hand schüttelt, oder Roland Koch im Kittel eine Bäckerei besucht. Ich frage mich immer: »Warum machen die das? Glauben die wirklich, dass das irgendjemand da draußen ernst nimmt?« Und wenn sich der Schalker Präsident in die Fankurve stellt, ist das einfach nur peinlich. Früher war Fußball nicht so gesellschaftsfähig wie heute, er galt als primitiv und assimäßig. Das hat sich schon geändert.

Heute gehen auch viele Frauen zum Fußball …

Als ich zum ersten Mal in Mainz war – ich glaube beim Spiel, als sie aufgestiegen sind gegen Trier – waren da 50 Prozent Frauen um mich rum. Wir haben uns umgeschaut und sahen nur Frauen! Mein Kumpel sagte nur: »Wenn de baggern willst biste hier richtisch …!«

| Zur Person |

Hendrik »Henni« Nachtsheim (* 15. März 1957) ist ein hessischer Musiker, Comedian, Schriftsteller und Schauspieler. Bis 1990 war er Sänger und Saxofonist der Rodgau Monotones. Heute bildet er zusammen mit Gerd Knebel das Comedy-Duo Badesalz.

»Früher war Fußball nicht gesellschaftsfähig. Das hat sich zum Glück geändert.«

FRISEUR
Ihr Bu
Respekt!
Kein Platz für Rassismus
www.respekt.tv

Wichtig ist, was du bist

»Max« Nicu besitzt zwei Pässe – den deutschen und den rumänischen.

Wie definierst du Respekt?

Respekt ist für mich, einen Menschen so zu lassen, wie er ist – einen Menschen so zu akzeptieren und zu respektieren, wie er ist. Mit all seinen Fehlern und sonstigen Eigenschaften.

Wird die Hertha zur Zeit von den Fans respektiert?

Das ist eine gute Frage. Momentan ist das ein ziemlich delikates Thema bei uns, denn du begegnest Menschen, die weniger Respekt aufbringen und wenig Verständnis aufbringen für das, was im Moment bei uns passiert. Und es ist doch momentan sehr grenzwertig mit dem Begriff Respekt, was uns Spieler angeht – gerade im Verhältnis zu den Fans.

Wie äußert sich das konkret?

Es gibt doch den einen oder anderen, der in gewissen Momenten den Respekt vermissen lässt, dann in persönliche Beleidigungen übergeht und einfach keinen Respekt aufbringt gegenüber der Person, dem Menschen, der du bist.

Wird in Rumänien anders mit Respekt umgegangen?

Nicht wirklich. Ich denke, dass der Begriff auch international dieselbe Bedeutung hat. Allerdings war es für mich persönlich etwas anderes, als in Deutschland geborener Spieler nach Rumänien in eine andere Nationalmannschaft zu kommen, wo zwar die Wurzeln da sind, aber eben nicht die komplette Mentalität oder die komplette Erziehung.

Wie ist dort mit dir umgegangen worden?

Anfänglich komisch. Also natürlich wirst du als ehemals »Quasi-Ausländer«, der eigentlich doch nicht gebürtiger Rumäne ist, ein bisschen anders angeschaut. Ich will mal sagen, es ist nicht so weit gegangen, dass es irgendwie respektlos war, aber es war anders. Ich habe in Rumänien den Spitznamen »der Deutsche«. Das schreiben sie auch sehr gerne in den Zeitungen und sagen es auch gerne.

Hattest du als Kind Probleme wegen deiner rumänischen Wurzeln?

Es ist gut, dass du das ansprichst. Es ist komplett richtig: Es gab wirklich Leute, die gesagt haben »Nee, du bist kein Deutscher, du bist Rumäne!« Und dann hab ich gefragt: »Warum denn?« Dann haben sie gesagt: »Weil deine Eltern aus Rumänien kommen, also bist du Rumäne.« Und dann gab es andere, die gesagt haben: »Du bist doch hier geboren«. Dann hab ich gesagt: »Ja, ich bin hier in Deutschland geboren.« Und dann haben sie gesagt, dass ich Deutscher bin. Die Meinung war also immer zweigeteilt. Das war für mich eigentlich nie ein Problem, muss ich sagen. Es ist nicht wichtig, ob mich jetzt jemand so oder so gesehen hat. Wichtig ist das, was du bist und dazu musst du stehen. Und genauso habe ich es auch durchgesetzt!

| Zur Person |

Maximilian »Max« Nicu (* 25. November 1982) ist Profi-Fußballer, der für Hertha BSC im Mittelfeld spielt. Nicu hat die rumänische Staatsbürgerschaft angenommen und spielt nun für die Nationalmannschaft des Heimatlandes seiner Eltern.

»Der Deutsche«, der für Rumänien spielt.

ovest

Ohne Respekt gibt's nur Chaos

Oka Nikolov spielte früher in der mazedonischen Nationalmannschaft.

Ist dir schon mal Respektlosigkeit begegnet in deiner Karriere?

Ich verstehe Folgendes nicht: Wenn man ein Spiel verliert, hoch verliert oder auch total untergeht und man geht nach dem Spiel zum Auto oder zum Bäcker – warum wird man dann respektlos behandelt? Das kann ich nicht verstehen, denn wir sind doch immer noch Menschen. Ich kann den Ärger der Fans verstehen, aber irgendwo hört es auf: Fußball ist Fußball und der Mensch ist ein Mensch und man sollte Respekt vor ihm haben.

Spielte Respekt eine große Rolle in deiner Erziehung?

Ja, ich denke schon, dass das eine Rolle gespielt hat. Aber jeder bestimmt seine Erziehung mit und bestimmt auch selbst, wie er in der Schule ist. Man kriegt von zuhause vieles mit, aber man muss es selbst auch vorleben – ich denke schon, dass meine Eltern mir da ziemlich viel mitgegeben haben.

Gibt es Rassismus in deinem Umfeld?

Das ist ein absolutes No-go. In der eigenen Mannschaft gibt es das sowieso nicht – das sind Sachen, die dürfen nicht passieren. Ich finde, das hat jetzt nichts mit ausländischen oder dunkelhäutigen Spielern zu tun – man sollte jedem Menschen Respekt zollen! Es ist schon fast abartig, wie manche Spieler untereinander oder mit den Fans, mit eigenen Spielern oder gegnerischen Spielern umgehen. Ich finde, da sollte jeder mal drüber nachdenken. Natürlich ist das eine gegnerische Mannschaft und jeder will gewinnen, aber trotz allem sind das immer noch Menschen! Jeder will gewinnen, was ganz normal ist – aber man sollte den Respekt nie verlieren. Denn wenn man den verliert, dann gibt's nur noch Chaos.

Wird man als Nummer Zwei weniger respektiert?

Ja, mit Sicherheit. Man ist dann halt nicht mehr so im Fokus und wird erstmal von den Medien nicht mehr so beachtet – und mit Sicherheit auch im Umfeld oder beim Bäcker. Man ist zwar immer mit dabei, aber man ist nicht mittendrin. Aber das ist nicht respektlos. Das ist das Geschäft, und eine Karriere hat eben Höhen und Tiefen – das gehört dazu. Damit habe ich überhaupt keine Probleme.

Wie geht ihr mit respektlosen Teamkollegen um?

Ja, erstmal muss ich sagen, natürlich gibt es solche Spieler, und es ist im Moment schwierig durch die Medien: Man macht zwei super Spiele und wird dann schnell gepusht. Ein junger Mann ist dann schnell auf Wolke Sieben – was ja auch ganz normal ist. Und dann gibt es auch noch die Berater, die sagen: »Du kannst da und dort spielen, mach so weiter!« Dann drehen die halt ein bisschen durch. Aber trotz allem – eine funktionierende Mannschaft fängt das auf. Das wird schon intern geregelt und ich denke, wir haben sicher auch den einen oder anderen Fall. Aber es ist mittlerweile auch besser geworden, und die lernen auch dazu. Das ist keine Frage.

| Zur Person |

Oka Nikolov (* 25. Mai 1974) ist deutscher Fußballprofi mit mazedonischen Wurzeln. Seit 1994 ist er Eintracht Frankfurt treu und wird deshalb von den Fans »der ewige Oka« genannt.

»Wenn du gewinnst, bist du der Größte – wenn du aber verlierst, das Letzte.«

28
Respekt!
Kein Platz für Rassismus
www.respekt.tv

In Afrika müssen Sie sich anpassen

Otto Pfister wurde 1992 in Afrika zum »Trainer des Jahres« gewählt.

Wie definieren Sie Respekt?

Respekt würde ich mit Respekt definieren: Das heißt, dass ich meinen Gegenüber akzeptiere – so wie er ist. Ich würde ihn nicht gleich verurteilen, wenn er andere Gewohnheiten hat als ich. So würde ich Respekt definieren.

Wird Respekt in Afrika anders interpretiert als in Deutschland?

Er ist nicht anders interpretiert, er wird nur natürlicher ausgelebt. Ich möchte das mal so sagen: In Afrika hat man zum Beispiel Respekt vor dem Alter. Das können Sie einfach ausdrücken: Wenn einer der Dorfälteste ist, dann ist er eine Respektsperson. Man hat immer Respekt vor dem Alter – was Sie hier nicht haben. Hier merken Sie manchmal, wie die sich untereinander anpflaumen. In Afrika spüren Sie auch in einer heißen Diskussion, dass der Jüngere vor dem Älteren doch etwas Distanz und Respekt hat. Er erkennt ihn an.

Sie waren jahrelang in Afrika – haben Sie sich schnell eingelebt?

Am Besten beobachten Sie im ersten Moment nur. Ich habe nicht reagiert, ich habe versucht, die ganzen Einflüsse auf mich wirken zu lassen und mich dann dementsprechend zu verhalten.

Wenn man in ein anderes Land kommt, wird man konfrontiert mit einer anderen Mentalität, mit einer anderen Kultur, mit einer anderen Religion. Das muss man respektieren! Wenn Sie dort hinkommen und dort die Welt verändern wollen – wie das ja viele schon versucht haben – dann geht das nicht. Sie müssen Ihre Umwelt, Ihr Gegenüber respektieren und müssen versuchen, ihn irgendwie vorwärts zu bringen und positiv zu beeinflussen. Das ist die einzige Möglichkeit, die Sie haben. Wenn Sie das nicht machen, haben Sie Schwierigkeiten. Ich habe Trainerkollegen erlebt mit einem viel größeren Namen als meine Wenigkeit, die nach drei Wochen zum Flughafen gefahren sind. Sie müssen sich anpassen – das ist das richtige Wort. Wenn Sie sich nicht anpassen, sind Sie ohne jede Chance.

Ist man Ihnen in Afrika rassistisch begegnet?

Ich habe das nie erlebt. Ich habe auch Kontakt zum einfachen Volk, ich habe viele afrikanische Freunde. Ich muss sagen, das ist mir also nie passiert. Wenn man mal untereinander ist, macht man mal so Sprüche wie: »Du Weißer » oder »Du Schwarzer« oder so. Aber das hat nichts mit Rassismus zu tun. Man amüsiert sich ein wenig untereinander. Aber dieses Wort Rassismus ist mir fremd.

Wie gefällt Ihnen, dass dieses Jahr die WM in Südafrika stattfindet?

Das ist eine Form der Anerkennung – die FIFA macht das ja nicht umsonst. Das ist eine Form Anerkennung, eine Hommage an den Kontinent. Aber ob der einzelne Afrikaner davon profitiert, ist eine zweite Frage, die ich Ihnen hier nicht beantworten kann. Das muss man nach dieser Weltmeisterschaft sehen.

| Zur Person |

Otto Pfister (* 24. November 1937) ist einer der erfolgreichsten deutschen Fußballtrainer im Ausland. Er betreute unter anderem die Nationalmannschaften von Kamerun, Ruanda, Senegal, der Elfenbeinküste, Ghana und Togo.

»Wenn Sie sich in Afrika nicht anpassen, haben Sie keine Chance.«

Respekt!
Kein Platz für Rassismus
www.respekt.tv
Respekt!

Kinder müssen respektvoll behandelt werden

Karin Plötz arbeitet für die Frankfurter Buchmesse und ist die Macherin hinter LitCam (www.litcam.de).

Was bedeutet der Begriff Respekt für Ihr Projekt?

Ich glaube, dass Respekt die Grundvoraussetzung dafür ist, dass unser Projekt »Fußball trifft Kultur« so erfolgreich ist. Denn wir merken immer wieder, dass die Kinder, wenn sie selbst wertgeschätzt und respektvoll behandelt werden, sich selbst auch respektvoll gegenüber den Lehrern oder den Trainern verhalten. Dadurch können die Kinder viel besser und effizienter lernen!

Was hat Respekt mit Bildung zu tun?

Respekt ist die Grundvoraussetzung, um effektiv lernen zu können. Wenn man als Kind respektvoll behandelt wird, ist man ja auch viel eher bereit, sein Bestes zu geben. Denn man weiß ja, dass es wertgeschätzt wird. Wenn etwas aber nicht wertgeschätzt wird, macht man auch nichts.

Was für eine Rolle spielen Bücher beim Erlernen von Respekt?

Man muss also ein Thema haben, das die Zielgruppe anspricht, damit ein Buch gelesen wird. Von daher denke ich, dass das Thema Respekt zum Beispiel in »Harry Potter« oder den »Wilden Kerlen« eingebracht werden sollte. Dann bringen Bücher auch was! Es muss einfach ein gutes Vorbild dargestellt werden.

Bei Fachbüchern ist es so, dass sich die Leute, die diese Bücher lesen, ohnehin schon mit dem Thema beschäftigen. Aber für die Kinder, die wir ja erreichen wollen – oder für die Jugendlichen und Erwachsenen, die sich wenig mit dem Thema auskennen – ist es wichtig, dass sie Vorbilder haben.

Hat sich der Umgang miteinander in den letzten Jahren geändert?

Das ist ein zweischneidiges Schwert – einerseits glaube ich, dass sich die Toleranz gegenüber anderen Nationalitäten positiv geändert hat. Heute sind wir viel toleranter. Auf der anderen Seite hat sich der höfliche Umgang miteinander verschlechtert: Zum Beispiel der Respekt gegenüber älteren Leuten und höfliche Umgangsformen sind generell nicht mehr so präsent.

Was tut LitCam für Respekt?

»Fußball trifft Kultur« ist nur ein Projekt aus unserer großen »Frankfurt Book Fair Literacy Campaign«. LitCam wurde vor vier Jahren gegründet – mit dem Ziel, ein Netzwerk von internationalen Organisationen aufzubauen und Projekte bekannt zu machen. Einmal jährlich stellen wir auf einer Konferenz internationale Projekte vor: In diesem Jahr geht es um das Thema »Literacy and Human Rights«. Dazu haben wir Organisationen aus Argentinien, dem Kongo, aus Marokko, Tibet und aus dem Senegal eingeladen. Diese Projekte beschäftigen sich auch mit dem Thema Respekt: Die Projekte aus Marokko und dem Senegal beschäftigen sich mit Respekt gegenüber Frauen – zum Beispiel mit der Beschneidung. Dann haben wir ein Projekt, das sich mit den Kindersoldaten beschäftigt, die erstmal einen respektvollen und gewaltlosen Umgang lernen müssen. Hier wird klar, wie viele Facetten von Problemen es gibt – aber gleichzeitig wird aufgezeigt, wie man diese Probleme lösen kann.

| Zur Person |

Karin Plötz (* 22. September 1965) leitet die LitCam, die internationale Kampagne zur Alphabetisierung, Grund- und Medienbildung. LitCam wurde 2006 von der Frankfurter Buchmesse gemeinsam mit verschiedenen Kooperationspartnern ins Leben gerufen und ist eine gemeinnützige Gesellschaft.

»Wir wollen ein internationales Netzwerk aufbauen, um antirassistische Organisationen zu unterstützen.«

Englisch

Respekt hat viele Facetten

Martin Quast hat den Eindruck, dass der Beruf des Journalisten nicht sehr respektiert wird.

Wie definierst du Respekt?

Respekt ist Höflichkeit, ist Zuversicht und ist das Vertrauen anderen Menschen gegenüber, dass man eine ehrliche Basis miteinander entwickelt. Egal welche Hautfarbe Menschen haben, welcher Religion sie angehören oder was ihr grundsätzliches Gedankengut ist – solange es im Sinne des Herrn ist, im sauberen Sinne, im mitmenschlichen Sinne. All das ist Respekt, all das gehört dazu. Respekt ist nicht nur ein Schlagwort, sondern hat sehr viele Facetten.

... im Sinne des Herrn – wie meinst du das genau?

Es steht jedem frei, mit wessen Augen oder mit wessen Herrn er diese Aussage interpretieren will. Also wenn der eine es aus Sicht des Islam auslegen möchte, nach seinen Gesetzmäßigkeiten, dann soll er das gerne tun. Wenn der andere es christlich auslegen möchte, oder hinduistisch, oder buddhistisch, kann er das ebenfalls gerne machen und soll jeder auch so machen, wie er will. Es darf nur nicht zu Konflikten führen, denn es gilt: Respektiere den anderen. Und das ist das A und O der ganzen Sache.

Wie erlebst du Respekt in deiner Tätigkeit als Journalist im Umgang mit Profi-Fußballern?

Ich habe oft das Gefühl, dass die Art und Weise, wie gewisse Profi-Fußballer mit Journalisten umgehen, alles andere als angemessen ist. Das respektlose Verhalten vieler verzogener Jungprofis geht nicht selten unter die Gürtellinie. Da muss man als 40 bis 50-jähriger bittend und bettelnd hinter irgendwelchen 20-jährigen hinterherlaufen und sie fragen, ob man mit ihnen reden darf. Ich finde, dass ist einfach nur respektlos, wenn so etwas noch nicht mal mit einem »Nein, danke« kommentiert wird. Stattdessen kommt es vor, dass die Jungprofis einfach in die Kabine laufen und einem dabei noch irgendwelche blöden Wörter hinterher werfen. Ich will da keine Namen nennen, aber darunter sind auch sehr prominente und namhafte Spieler.

Auf der anderen Seite muss man aber auch ein wenig Verständnis aufbringen. Viele dieser Jungprofis werden ebenfalls respektlos behandelt. Der eine oder andere mag aus Erfahrung klug geworden sein und kapselt sich deshalb ab.

Da sind mit Sicherheit schon viele Dinge sehr schief gelaufen. Diese Respektlosigkeit ist natürlich oft der Situation geschuldet. Wenn die Jungs Mist gespielt haben und keinen Erfolg hatten, ihre Mannschaft verloren hat und die Stimmung im Keller ist – und dann kommt auch noch irgendein Journalist um die Ecke, der unmittelbar nach dem Spiel unangenehme Fragen stellt – da muss man sich nicht wundern, wenn ein verunsicherter Profi ein unangebrachtes Verhalten zeigt. Ich kann es nachvollziehen, dass die Jungs in solchen Situationen keinen Bock haben, mit uns Journalisten zu sprechen. Es macht mehr Spaß zu berichten, wie das Siegtor in der 90. Minute erzielt wurde als nach Erklärungen für eine 5:0 Klatsche zu suchen.

Ein »Nein, danke« oder »Ich will einfach nicht« oder »Sprich mich nach dem Duschen noch mal an« – das geht ja auch.

| Zur Person |

Martin Quast (* 20. Mai 1968) war Anfang der 90er Jahre bei Sat.1 als Filmemacher, Interviewer und Kommentator in der Sportredaktion tätig. Heute ist er Kommentator und Moderator bei »Liga total!« und Sport1.

»Das Verhalten vieler verzogener Jungprofis ist oft respektlos.«

Respekt!
Kein Platz für Rassismus
www.respekt.tv

Liebe deinen Nächsten wie dich selbst

Shary Reeves ist Botschafterin der Fußball-Weltmeisterschaft der Frauen 2011.

Was bedeutet Respekt für dich?

Ich hatte in der Schule Latein und kann mich erinnern, dass Respekt abgeleitet ist vom Wort Respectus. Und das bedeutet Rücksicht und zurückschauen – also jemanden zu berücksichtigen. Respekt einem anderen Menschen gegenüber bedeutet also, ihn wertzuschätzen und ihm gegenüber aufmerksam zu sein. Und ich finde es ganz wichtig, dass man dabei auch das Zwischenmenschliche berücksichtigt: Da gibt es doch das berühmte Bibelzitat: »Liebe deinen Nächsten wie dich selbst« – das hat natürlich auch mit Respekt zu tun.

Wie reagieren Spielerinnen und Zuschauer auf dem Platz auf dich?

Ich habe während meiner Profizeit sehr wenige Strafkarten bekommen – und zwar eine Gelbe Karte, soweit ich mich erinnere, und als junges Mädchen in der U14-Mädchenmannschaft bekam ich mal eine Rote Karte. Ich wurde die ganze Zeit von einer Spielerin geärgert und auf das Derbste beleidigt. Und der Schiedsrichter stand daneben und hat so getan, als hätte er nichts bemerkt. Da habe ich irgendwann ausgeholt und dem Mädchen vor das Schienbein getreten – das hat der Schiedsrichter natürlich gesehen! Das war meine einzige Rote Karte – aber ich muss ehrlich sagen, dass ich das nicht bereue. Ich weiß natürlich, dass es nicht der richtige Weg war, so zu handeln, aber ich war jung und aggressiv am Mann – ich habe mir in dieser Situation nicht anders zu helfen gewusst.

Frauenfußball, Männerfußball – was hat sich in den letzten Jahren getan?

Die sportliche Leistung der Frauen hat sich sehr verändert: Die Frauen sind wesentlich athletischer geworden. Birgit Prinz war früher eine der wenigen athletischen Spielerinnen in Deutschland und deswegen war es so einfach, zu spielen. Mittlerweile haben nicht nur die Spielerinnen in Deutschland, sondern auch international aufgeholt oder sich an das Niveau angepasst. Technisch spielen die Frauen auf einem sehr hohen Niveau: Das Spiel ist wesentlich dynamischer, strategischer und taktischer geworden.

Ist dir bewusst, dass du ein Vorbild bist?

Ja, natürlich ist mir das bewusst. Erstens finde ich es gut, dass ich die Plattform Sport nutzen darf – denn der Sport kennt keine Rassentrennung. Zum Zweiten ist mir bewusst, dass mich viele Migrantenkinder in Deutschland als Vorbild sehen. Deswegen versuche ich in meiner Vorbildfunktion so zu agieren, dass sie mit Recht ein bisschen stolz sein können auf das, was ich tue und auf die Persönlichkeit, die ich geworden bin – und dass sie sich auch so ein bisschen davon abschöpfen können. Ich versuche mich nach draußen hin immer so darzustellen, dass das kleine Mädchen auch einen Grund hat, das nachzueifern, was ich mache: Ich nehme keine Drogen, trinke keinen Alkohol, hänge nicht bis morgens auf der Straße rum und mache keine krummen Dinger. Denn mir ist bewusst, dass es viele junge Mädchen gibt, die mich als Vorbild sehen!

| Zur Person |

Shary Cheyenne Reeves ist Schauspielerin, Moderatorin und Musikerin. Sie spielte viele Jahre Bundesliga-Fußball beim SC 07 Bad Neuenahr. Seit 1996 arbeitet sie für den Westdeutschen Rundfunk und moderiert zusammen mit Ralph Caspers die Sendung »Wissen macht Ah!«.

Shary Reeves ist Botschafterin der Stadt Bochum für die U20-WM im Juli 2010 und Botschafterin der WM 2011 in Deutschland.

Respekt!
www.respekt.tv
Respekt!
Tores,
fest angezogen
und prüfen Sie dies
wiederholt;
Tor muss jederzeit
Umkippen gesichert
oder den Torrahmen
beklettern.

Ich gebe immer mein Bestes

Bastian Reinhardt wechselte vom Spielfeld ins Management.

Was bedeutet Respekt für dich?

Respekt ist das Wichtigste: dass man dem anderen Respekt entgegenbringt, dass man Achtung vor ihm hat, dass man ihn schätzt als Person, als Mensch. Aber auch, dass man das, was er tut und denkt, respektiert und nicht einfach abtut. Für mich ist das sehr wichtig. Nicht nur in unserem Job, sondern auch für mich als Mensch – man muss anderen seine Achtung entgegenbringen.

Wie ist es, mit Ruud van Nistelrooy[1] zusammen zu spielen?

Für uns war das schon ein Riesenkracher, als es hieß, Ruud van Nistelrooy komme zum HSV. Das konntest du erstmal gar nicht glauben: so ein Spieler und dann hier bei uns! Das war schon sensationell. Und dann kommt er hierher und ist ein ganz normaler Kerl! Ruud ist ein ganz Netter, sagt Hallo zu jedem und stellt sich vor. Das war einfach überragend. Und man hat gedacht: »Boah, jetzt ist er bei uns!«. Da merkst du, wie durch die ganze Mannschaft ein kleiner Ruck geht und die Brust raus kommt.

Du bist Ossi – gab es respektlose Situationen deshalb?

Diese Situationen gab es immer wieder und gibt es immer wieder. Ich glaube, ich habe jeden Ossiwitz, den es weltweit gibt, und auch jeden Spruch schon mal gehört. Doch die Leute haben recht schnell gemerkt, dass ich ein normaler Typ bin, dass ich locker bin und mir das nichts ausmacht – zumindest habe ich es mir nicht anmerken lassen. Obwohl es mich manchmal schon getroffen hat! Aber ich glaube, ich habe das gut weggesteckt. Denn ich habe mir sehr schnell den Respekt der Wessis erarbeitet. Danach war das überhaupt kein Thema mehr.

Hat der Fußball geholfen, sich Respekt zu verschaffen?

Ja, es war für mich sicherlich einfacher. Ich bin dort als Fußballer in Erscheinung getreten – als einer, der dann auch beim VFL Wolfsburg gespielt hat – und so war ich schon eine größere Nummer. Aus diesem Grund war es für mich leichter. Aber wenn man sich nicht auf diese Vorurteile einlässt, sondern einfach so ist, wie man ist, wird man schnell akzeptiert und respektiert. Ruckzuck ist das ganze Thema vom Tisch. Man zieht dich dann nur noch damit auf und das ist ja nicht mehr so ernst gemeint.

Du warst ja auch mal Kapitän des HSV …

Ja, aber so richtig »Kapitän« war ich leider nur für ein paar Freundschaftsspiele. Aber in Bielefeld war ich Kapitän für zwei Jahre. Ich wurde in jeder Mannschaft akzeptiert, in der ich gespielt habe – weil ich versucht habe, authentisch zu sein und nicht etwas zu spielen, was ich nicht bin.

Und ich wollte immer mit gutem Beispiel vorangehen: Ich war und bin vielleicht nicht der begnadetste Fußballer, den es gibt, aber alle – Trainer, Mannschaftskollegen und die Fans – haben gemerkt, dass ich immer mein Bestes gebe und versuche, aus mir und aus anderen das Optimale herauszuholen. So kann man sich schon Respekt erarbeiten.

| Zur Person |

Bastian Reinhardt (* 19. November 1975) spielte als Innenverteidiger beim Hamburger SV. Schon als Jugendspieler gehörte er zum Kader der Hamburger. Nach Stationen bei Arminia Bielefeld, Hannover 96 und VfL Wolfsburg kehrte er 2003 in die Hansestadt zurück. Seit Mai 2010 ist er Sportchef des Hamburger SV.

»Immer mit gutem Beispiel voran gehen.«

[1] *Ruud van Nistelrooy (* 1. Juli 1976) ist niederländischer Fußballspieler. Er war dreimal Toptorschütze der UEFA Champions League.*

HSV

Intoleranz steckt in zu vielen Köpfen

Es gibt noch viel zu tun ...

Der Song »Viel zu tun!«, den die Band Irie Révoltés der Aktion »Respekt!« auf dem Leib geschneidert hat, wurde auf Youtube fast 100.000 Mal angeklickt. Ein echter Ohrwurm zum Mitsingen. Die Heidelberger sind von Anfang an dabei und unterstützen »Respekt« auch mit einem Interview. Weitere Informationen zur Band unter www.irie-revoltes.com.

Was bedeutet Respekt für euch?

Respekt bedeutet für uns, Leute so zu sehen, wie sie sind – und nicht nach irgendwelchen Kriterien zu beurteilen oder nach ihrem Aussehen oder ihrer Herkunft. Wir möchten Leute einfach so akzeptieren, wie sie sind, und nach dem beurteilen, was sie tun.

Für uns als Band ist es auch wichtig zu verstehen, dass man es nicht dulden muss, wenn jemand andere nicht akzeptiert, und dass man etwas dagegen tun kann. Respekt bedeutet aus diesem Grund für uns auch, für Leute einzustehen, die von anderen ohne Respekt behandelt werden.

Jeder muss für sich Grenzen ziehen, wo Toleranz aufhört und Intoleranz beginnt, zumindest machen wir das. Da, wo Leute andere nicht tolerieren, dagegen muss man antreten und ankämpfen. Menschen, die den Respekt nicht verdient haben, weil sie andere ausgrenzen oder unterdrücken, verdienen keinen Respekt. Wir finden es wichtig, einen Menschen erstmal von Grund auf kennenzulernen, wie er ist, und erstmal hinter die Fassade zu schauen. Dann kann jeder für sich selber entscheiden, ob diese Person Respekt verdient oder nicht.

Wir sind so eingespielt wie eine gute Fußballmannschaft.

Der Song »Viel zu tun!«

Kein Platz für Rassismus!

Es gibt noch viel zu tun!
Intoleranz steckt in zu vielen Köpfen!
Komm her, steh auf, hör zu!
Wir machen den Schritt und wir ändern die Richtung!

Es gibt noch viel zu tun!
Die Tendenz geht nach rechts in unsrer Gesellschaft!
Komm her, steh auf, hör zu!
Wir machen den Schritt und wir ändern die Richtung!

Hinsehen!
Nicht gleich die Augen wegdrehn!
Dann wird es schnell klar,
Die Gefahr ist nicht mehr zu übersehn!

Eure Vibrations sind nur Frust und Hass!
Ihr fühlt nichts Schönes, nicht einmal den Bass!
Wenn ich euch seh, dann vergeht mir der Spaß!
Mir wird kotzübel, darum werd ich blass!

Ich sag: Krass ja, kaum pass ich nicht in euer Raster,
bin ich auf heißem Pflaster unterwegs,
und der Stress ist schon fast da!

Denn leider gibt es rechten Dreck überall!
Auch die Regierung ist gern mit am Ball!
Mit Propaganda, Abschiebung global!
Ich bleib dabei: Kein Mensch ist illegal!

[Refrain** …**]

Ici, il n'y a pas de place pour les racistes,
C'est un endroit interdit aux fascistes,

Nous sommes le front antinationaliste,
Faisons du bruit, soyons activistes !

Je me défends contre l'extrême-droite et tous les débiles,
Dans tous les pays, sur chaque continent, dans toutes les villes,
On se lève, on ne baisse pas la garde, on ne reste pas tranquille,
On est là, on ne recule pas, on se bat comme Dan Evil,

Je ne pige pas comment on peut être une nation,
C'est que des frontières, ce n'est que notre imagination,
De se sentir mieux que les autres, il n'y a aucune raison,
Nous sommes tous de la race humaine, et le monde est notre maison.

[Refrain** …**]

Platz da!
Wir haben die Schnauze voll von eurem Spuk!
Platz da!
Wir sind laut, wir sind stark, wir sind genug!

Basta!

Denn für Rassismus ist kein Platz da!
Ey, weder hier, noch sonst wo, seid wachsam!

To the left! Not right!
Turn left! Not right!
To the left! Not right!
Turn, turn, turn, turn, turn left!

Say: What's wrong with you? What's in your brain?
Fascist man, we're not afraid, we sing, scream and say:
Don't like your thinkin', dont like your style, eh!
What's wrong with you? Just go away!

| Der Song |

Gibt's auf www.musicload.de

für 1,29 € zum Download

What's wrong with you? What's in your brain?
Fascist man, we're not afraid, we fight back today!
Don't like your thinkin', don't like your style, eh!
Go away! Go away!

[Refrain** …**]

Es gibt noch viel zu tun!
Es liegt an dir und mir!
Komm her, steh auf, hör zu! (Steh auf!)
Wir machen den Schritt und wir ändern die Richtung!
Kein Platz für Rassismus!
Wir machen den Schritt und wir ändern die Richtung!
Wir gehen voran mit viel Optimismus!
Wir machen den Schritt und wir ändern die Richtung,
ändern die Richtung, ändern die Richtung,
ändern die Richtung…

Verschiedenartigkeit ist eine Chance

Ulf Rödde ist großer Werder-Bremen-Fan.

| Zur Person |

Ulf Rödde (* 14. März 1962) ist Pressesprecher der Gewerkschaft Erziehung und Wissenschaft (GEW) und Redaktionsleiter der Zeitschrift »Erziehung und Wissenschaft«.

Was bedeutet Respekt für dich?

Respekt und Toleranz sind zwei ganz wichtige Begriffe, ohne die ein friedliches Zusammenleben von Menschen nicht oder nur schwer möglich ist. Respekt und Toleranz bedeutet, dass man die Menschen nimmt, so wie sie sind, und dass man sie in ihrer Verschiedenartigkeit respektiert – dass man diese Verschiedenartigkeit als eine Chance sieht. Das gilt auch in der Schule, wo wir ganz unterschiedliche Kinder haben. Wenn Kinder ihre unterschiedlichen Potenziale einbringen, können alle voneinander lernen – mehr, als wenn alle gleich wären. Oder wenn ich auf den Fußballplatz gucke: Mit elf Beckenbauern wäre Deutschland wahrscheinlich nie Weltmeister geworden. Man braucht nämlich auch einen, der im Tor steht und Sepp Maier heißt, einen, der der Terrier ist, und einen, der vorne die Tore reinmüllert.

Wie wichtig ist es, für sich selbst einzutreten?

Für sich selbst einzutreten, ist in allen Lebensbereichen wichtig – sei es in der Schule, im Beruf, in der Freizeit oder im Sport. Entscheidend ist aber: Für sich selbst einzutreten heißt nicht, egoistisch zu sein, sondern sich selbst als ein soziales Wesen zu sehen und als soziales Wesen mit anderen in einer Gesellschaft zusammenzuleben und zu kommunizieren. Das bedeutet auch, ich muss mich selbst mal zurücknehmen und ich muss Respekt vor anderen Menschen haben, um so ein gedeihliches und friedliches Zusammenleben aller zu ermöglichen. Ich setze mich für ein Klima des gegenseitigen Respekts in der Schule ein.Die Menschen müssen stärker auf einander zu gehen und sich mehr zuhören, damit Schule sich als eine Gemeinschaft verstehen und für die Schülerinnen und Schüler – aber auch für die Lehrkräfte – Lebensraum werden kann.

Ermöglicht Schule heute einen respektvollen Umgang?

Ein gegenseitiges Klima des Respekts und des Verständnisses spiegelt sich beispielsweise darin wider, wie man im Unterricht miteinander umgeht. Da aber sowohl die Lehrerinnen und Lehrer als auch die Schülerinnen und Schüler in einer Schule nicht machen können, was sie wollen, hat das auch viel mit den Schulstrukturen zu tun. Die Schulstrukturen in Deutschland sind darauf ausgelegt, Schülerinnen und Schüler auszulesen, sie zu selektieren. Das beginnt bereits in der ersten Klasse und setzt sich bis ins Studium fort. Kinder werden abgestuft und zurückgestuft, sie werden beschämt. Sie empfinden das oft als persönliche Niederlage! In diesem Umfeld der Konkurrenz ist es schwierig, ein Klima des gegenseitigen Verstehens und Respekts zu schaffen. Wir müssen ein Schulsystem entwickeln, in dem alle Kinder angenommen werden, das alle Kinder mitnimmt und alle Kinder so gut, wie es geht, fördert – kurz: ein integratives, ein inklusives Schulsystem! Auf diesen Weg sollten wir uns so schnell wie möglich machen.

»Wir müssen ein Schulsystem entwickeln, das alle Kinder mitnimmt.«

Respekt!
Kein Platz für Rassismus
www.respekt.tv

Leistung verschafft Respekt

Pascal Roller wurde 2004 zum Basketballer des Jahres gewählt.

Was bedeutet Respekt für dich?

Dazu fallen mir zwei Sachen ein: Jeder hat Respekt verdient. Und wenn ich eins beim Sport gelernt habe, dann ist das der Punkt, meinem Gegner auch Respekt zu zollen. Denn wenn ich nicht mit voller Konzentration oder Respekt an die Sache gehe, fällt man dabei ziemlich schnell auf die Schnauze.

Gibt es Rassismus auch beim Basketball?

Ja – vielleicht in abgeschwächter Form, aber auch das ist schon schlimm genug. Man erlebt das nicht so extrem, denn die Fankultur ist bei Basketball ein bisschen anders. Ich erinnere mich an das eine oder andere Spiel in der Oberliga: Je südlicher man kommt, um so öfter gibt es Fans, die denken, dass es witzig ist, mal »Uh-uh-uh« zu rufen. Aber extrem oder nicht extrem spielt eigentlich keine Rolle – dass es das gibt, ist schlimm genug.

Dabei wurde die Basketball-Subkultur doch von den Schwarzen geprägt …

Ja, das stimmt absolut. Ich würde sagen, die besten 90 Prozent der Spieler sind schwarz – Dirk Nowitzki mal ausgenommen. Denn Basketball kam aus den USA – und dort sind auch der Kern und die zehn besten Spieler. 80 bis 90 Prozent der Spieler sind schwarz – Steve Nash noch mit rein genommen – und die leben letztendlich vor, was viele andere imitieren!

Wie hast du dir mit 1,80 Meter Körpergröße Respekt unter den »Riesen« verschafft?

Mir fällt das nicht mehr auf. Ich bin ab einem gewissen Punkt stehen geblieben, die anderen sind noch weiter gewachsen. Ich bin es gewöhnt, denn ich habe jeden Tag mit Leuten zu tun, die 2,05 Meter und größer sind. Ein Coach hat mir mal gesagt, dass es beim Sport egal ist, wie alt, wie jung, wie lang oder wie kurz man ist – es geht nur darum, wie gut man ist! Und das ist der Grund, wie man sich letztendlich Respekt verschaffen kann. So ist das auch in meinem Fall: Ich habe immer großen Wert auf Trainingsfleiß und solche Sachen gelegt. Denn wenn du Leistung bringst als Sportler, spielen auch die ganzen anderen Faktoren wie Hautfarbe oder Herkunft keine Rolle mehr.

Wie wichtig ist dir die Zusammenarbeit mit Kindern?

Durchaus wichtig. Wir machen generell viel vom Club aus: Kids Days, School Days und solche Sachen. Aber ich werde auch privat angesprochen, ob ich Patenschaften oder Schirmherrschaften übernehmen will – gerade für Jugendbereiche und da geht es zum Beispiel auch um Ernährung, nicht nur um Sport. Wenn die Leute mich ansprechen, zeigt das, dass ich eine Vorbildfunktion habe durch die öffentliche Aufmerksamkeit. Wenn ich auf diese Weise etwas an die Gesellschaft – und an die Kinder, die ja mit das schwächste Glied in der Gesellschaft sind – zurückgeben kann, dann mache ich das sehr gerne und freue mich, wenn ich durch bloßes Auftreten oder durch Bekenntnisse zu gewissen Themen Kindern helfen kann.

| Zur Person |

Pascal Roller (* 20. November 1976) ist Basketballprofi. Der Aufbauspieler startete 1996 seine Laufbahn beim USC Freiburg und wechselte später zu den Deutsche Bank Skyliners, Frankfurt.

»Ich fühle mich als ›Zwerg‹ unter den ›Riesen‹ richtig wohl.«

Respekt!
Kein Platz für Rassismus
www.respekt.tv

1954 kam der Respekt zurück

Lothar Rudolf über die Tragweite einer simplen Sache namens Fußball.

Warum machst du das Projekt »Respekt«?

Die ganze Geschichte fängt eigentlich mit meinem Geburtsjahr 1954 an, dem Jahr einer besonderen Fußball-Weltmeisterschaft. In jenem Jahr passierte viel für Deutschland, und das habe ich in den Jahren meiner Kindheit, meiner Jugend und bis heute so in Erinnerung. Deutschland war nach dem Krieg am Boden, zu Recht und aus eigener Schuld – viel vermasselt, Kriege geführt und so weiter. Aber mit 1954 kam das andere, das bessere, das gute Gesicht Deutschlands rüber, und zwar über eine ganz simple Sache: über das Fußballspielen. Und da gewannen dann elf Jungs – damals konnte man noch nicht auswechseln – überraschend den Weltmeistertitel.

Ich denke, dass 1954 der Respekt nach Deutschland zurückgekehrt ist, von innen und außen. Und das ist letzten Endes mit ein wichtiger Grund, dass wir dieses Projekt machen. Hinzu kommt, dass vor circa fünf Jahren Peter Lohmeyer einen tollen Film gemacht hat, »Das Wunder von Bern«, der das Thema auch mal von einer anderen Seite beleuchtet hat. Nämlich von der Familienseite, von der Seite der Kinder, Väter und Mütter und zeigte, was in den Familien los war, nach dem Krieg. Und dort ist dann genau das Gleiche geschehen – der Respekt kam zurück.

Was bedeutet Respekt für dich?

Wenn man Respekt täglich lebt, dann braucht man keine zehn Gebote mehr. Respekt steht für eine Grundeinstellung. Es ist die Lebensgrundlage – meine Lebensgrundlage. Zumindest bemühe ich mich, es gelingt mir nicht immer. Wenn du Respekt zeigst und mit anderen auf Augenhöhe lebst, dann kannst du eigentlich nicht mehr viel falsch machen. Dann wirst du ganz automatisch Anerkennung bekommen, weil der andere auch Anerkennung erfährt. Eigentlich ist Respekt das Natürlichste von der Welt. Wenn man Respekt lebt, braucht es keine Religion, das ist meine persönliche Meinung.

Deine Zeit als Fußballtrainer war für dich von besonderer Bedeutung, warum?

Ich war in Niedererlenbach, einem kleinen Vorortverein von Frankfurt, Fußballtrainer. Was ich in dieser Zeit erlebt habe, das kann man mit Geld nicht kaufen. Ich hatte eine Mannschaft von etwa 18 Kids aus 14 Ländern. Was heute aus ihnen für eine Gemeinschaft geworden ist, ist einfach überragend. Viele haben Abitur gemacht, haben schon jetzt viel erreicht im Leben und sind immer noch untereinander befreundet. Das zeigt mir, was man mit so etwas Einfachem wie Fußball und Respekt erreichen kann.

Was stört dich an der heutigen Zeit?

Meiner Meinung nach haben wir wieder so eine Zeit der Respektlosigkeit seitens der Obrigkeit. Die Banken – brauchen wir gar nicht drüber reden – sowie die Politik belügen und betrügen uns. Ich finde das respektlos den Menschen gegenüber, die alles tragen und bezahlen müssen. Diese Respektlosigkeit muss sich ändern und zwar möglichst schnell, sonst haben wir keine Zukunft, ganz einfach. Und das meine ich ernst.

| Zur Person |

Lothar Rudolf (* 24. Oktober 1954) ist gelernter Schriftsetzer und seit über 25 Jahren selbständig als Creative und Art Director. Zu seinen Kunden zählen namhafte Unternehmen und Verlage. Seit 2001 ist er Inhaber der Agentur Querformat – Lothar Rudolf Medienkonzept.

Lothar Rudolf: Initiator der Aktion »Respekt« und Mit-Herausgeber dieses Buches.

Respekt!

Respekt stellt Verbindungen her

Nuri Sahin und Neven Subotic haben ihre Verträge bei Borussia Dortmund vorzeitig verlängert.

Was bedeutet Respekt für euch?

Neven Für mich bedeutet Respekt, einen Menschen anzuerkennen und wertzuschätzen.

Nuri Respekt erwarte ich von mir, zeige ihn auch den Menschen gegenüber – denn das ist der Schlüssel zur Kommunikation.

Wie zeigt sich das auf dem Platz?

Nuri Man respektiert jeden. Egal, wer er ist, welche Hautfarbe er hat, ob er groß oder klein ist – man respektiert ihn. Und dadurch stellt man auch eine Verbindung her.

Neven Respekt geht bei mir auf dem Fußballplatz so weit, dass ich das, was mir jemand sagt, respektiere, wenn er es besser weiß.

Nuri Beim Fußball ist es ja so, dass man sich den Respekt durch Leistung verdient. Wenn man Leistung bringt, dann wird man meistens auch von allen Seiten respektiert. Meine Eltern haben mir immer gesagt: »Zeig den meisten Leuten mehr Respekt, wenn sie dich auch respektieren.« Ich versuche, diesem Satz auch in meinem privaten Leben zu folgen und bin damit auch meist recht gut gefahren.

Was bedeutet Respekt in den verschiedenen Kulturen?

Neven In Serbien und Bosnien wird Respekt ganz groß geschrieben: Wir haben Respekt vor den Älteren in unserem Dorf. Wenn dir jemand Älteres was sagt, dann musst du auf jeden Fall darauf hören, denn diese Menschen haben einfach schon so viel erlebt und wollen dir nur helfen. Das ist ganz wichtig dort.

Nuri Bei mir ist es so, dass ich schon als Kind so erzogen worden bin, immer Respekt vor anderen Menschen zu haben. Denn man soll immer den Leuten Respekt zollen, die einem selbst Respekt zollen.

Nuri, du bist Kapitän. Gibt es da Druck?

Ich übernehme Verantwortung – das ist klar. Und durch die Binde ist die Verantwortung noch mal ein wenig gestiegen. Aber als »Druck« sehe ich das nicht, es ist für mich eher eine Anerkennung. Mit Druck kannst du deinen Job nicht ausüben. Bei mir ist es eigentlich nur Spaß und pures Genießen im Moment.

Neven, siehst du dich als Vorbild für die Jugend?

Neven Natürlich. Als Bundesligaprofi ist man oft der Held für die Kleinen. Ich weiß das, denn auch in meiner Jugend war das so. Für mich waren Fußballspieler damals wirklich die Helden und Vorbilder. Da tragen wir natürlich eine große Verantwortung und wissen, dass wir uns immer gut zu verhalten haben. Ich denke, für die meisten Sportler ist das kein Problem, denn wir wurden alle gut erzogen.

| Zur den Personen |

Nuri Sahin (* 5. September 1988) ist deutsch-türkischer Fußballspieler, der zur Zeit bei Borussia Dortmund spielt. Sein Teamkollege Neven Subotic (*10. Dezember 1988) wurde in Bosnien geboren.

Respekt!
Kein Platz für Rassismus
www.respekt.tv

Es darf keine Grenze überschritten werden

Matthias Sammer ist seit April 2006 Sportdirektor beim DFB.

Was bedeutet Respekt?

Es ist ein Begriff mit verschiedenen Richtungen. Aber am Ende des Tages kann man sagen: Respekt der Menschen untereinander, unabhängig vom Alter, aber auch von der Hautfarbe. Grundsätzlich definiere ich Respekt in der Konstellation »Mensch zu Mensch« mit all seinen Facetten und Aufgaben.

Gibt es Unterschiede zwischen Ost und West?

Als ich in der Oberliga der DDR gespielt habe, war die Emotionalität der Menschen überall gleich – egal, ob du in Magdeburg, in Rostock oder in Berlin gespielt hast. Aber es darf keine Grenze überschritten werden, nicht des Anstands und auch nicht des Respekts. Man darf nicht beleidigend werden. Doch es gibt Verhaltensweisen, auf die man nach dem Spiel mit Reaktionen rechnen muss – das sollte man nicht überbewerten. Und das gab es in Ost und West. Doch es gab nie Diskussionen über meine Herkunft. Wenn es mal erste Ansätze gab, habe ich einen Spaß draus gemacht und gesagt: »Okay, wenn Du ein Wessi bist, verstehst Du mich eh nicht – ich bin halt ein Ossi«.

Internationale kulturelle Einflüsse im Fußball – positiv oder negativ?

Ich bewerte das sehr positiv, denn in unserer Denkweise sind andere kulturelle Denkweisen herzlich willkommen! Uns muss es gelingen, die traditionellen Stärken – denn auch die haben wir im deutschen Fußball – ein Stück weit zu transportieren. Und auf der anderen Seite freuen wir uns natürlich darüber, wenn andere Kulturen Einfluss nehmen. Dieser Mix hat sich schon ausgezahlt, speziell im U-Bereich: Wir haben drei Titel geholt und es ist wunderbar, mit den jungen Spielern zusammenzuarbeiten. Ich kann nur sagen: Bei uns sind alle herzlich willkommen!

Ihre Meinung zur WM in Südafrika?

Ich finde es toll – überhaupt keine Frage. Aber ich war zwischendurch in Ägypten und in Nigeria und ich bin der Meinung, dass diese Konstellation plötzlich eintritt – auch für den afrikanischen Kontinent. Denn man will mit aller Gewalt versuchen, etwas zu erreichen. Es fanden bereits die U17- und die U20-Weltmeisterschaften in Afrika statt. Die Weltmeisterschaft der A-Nationalmannschaften steht noch an. Man gibt den Leuten gar nicht die Zeit, diese Dinge nachzuvollziehen oder darüber nachzudenken.

Der afrikanische Kontinent hat aufgrund seiner Geschichte und seiner Vergangenheit natürlich einiges aufzuholen: Es geht darum, sich selbst darzustellen und entsprechend zu präsentieren. Dem sollte man etwas Zeit geben. Nichtsdestotrotz freue ich mich auf diese Weltmeisterschaft in Südafrika. Es ist eine sehr große Herausforderung und Chance, und deshalb gilt diesem Kontinent und dem Land meine ganze Unterstützung. Wir sollten dem Kontinent aber auch die Möglichkeit geben, seine Wurzeln sehr tief im gesamten Globus und dem Fußball zu verankern.

| Zur Person |

Matthias Sammer (* 5. September 1967) ist ehemaliger Profi-Fußballer und Trainer. Er war von 1986 bis 1997 Nationalspieler, zuerst für die DDR, dann für die Bundesrepublik.

»Man sollte Afrika die Möglichkeit geben, seine Wurzeln tief im Globus und im Fußball zu verankern.«

adidas
DEUTSCHER
FUSSBALL-BUND

Das tut einem kleinen Jungen schon weh

Hans Sarpei ist ghanaischer Nationalspieler.

Was bedeutet Respekt für dich?

Respekt ist ganz wichtig für mich, und ich glaube, er sollte auch für die ganze Menschheit wichtig sein. Man sollte Personen nicht nach ihrer Herkunft unterscheiden – ob jemand aus Deutschland oder Ghana kommt, ob er rot, grün oder blau ist.

Du bist mit drei Jahren aus Ghana nach Deutschland gekommen – wie lebt man als Schwarzer unter Weißen?

Da kommt man ein bisschen mit Rassismus in Kontakt – da fangen auch die Kleinen manchmal schon an, »Neger« zu rufen und einen zu beschimpfen. Das tut einem kleinen Jungen schon weh. Man wird älter, man geht einkaufen, und wenn man als Schwarzer noch zu D-Mark-Zeiten mit einem 100 Mark-Schein bezahlen will, wird man staunend angeschaut: Man kann gar nicht glauben, dass ein Schwarzer einen 100 Mark-Schein hat und dass der Schein echt ist. Der Schein wird dann zwei, drei Mal kontrolliert, bis man glaubt, dass er echt ist und den Schein akzeptiert!

Für einen kleinen Jungen mit 10 oder 15 Jahren ist das sehr schwer: Wenn man schlecht drauf ist, dann fragt man sich »Warum hat der liebe Gott mich schwarz gemacht und die anderen weiß?« Erst später wird man stolz darauf, dass man so ist, wie man ist. Dass man die Hautfarbe hat. Dann kann man mit Stolz sagen: »Ich bin schwarz, und ich liebe es auch, ein Schwarzer zu sein.« Aber sonst ist es schwierig in der Gesellschaft, damit klar zu kommen, weil die Gesellschaft oft gar nicht weiß, was sie da eigentlich von sich gibt gegenüber einem Farbigen.

Hat der Fußball dir geholfen, respektiert zu werden?

Die Leute kennen und respektieren einen. Aber, glaub ich, eher, weil man Fußballer ist und nicht, weil man der Mensch Hans Sarpei ist. Der Fußball öffnet natürlich viele Türen, sie sind einfacher zu durchschreiten als früher, als einen noch niemand kannte.

Wie wird sich die WM 2010 in Südafrika auswirken?

Ich hoffe, dass wir unseren Kontinent den Menschen auf der ganzen Welt etwas näher bringen können. Denn im Fernsehen wird sonst immer nur das Schlechte gezeigt: Du siehst ein paar Hütten, Leute, die hungern. Nie wird das Schöne in Afrika gezeigt!

Gerald Asamoah war der erste Schwarze in der Nationalmannschaft – wie findest du die aktuelle U21?

Gerald ist ein Typ, den man irgendwie lieben muss. Er ist fröhlich, er hat Spaß und bringt die Leute zum Lachen. Endlich ist es in Deutschland so weit, dass man auch die Menschen anderer Hautfarbe akzeptiert, die in Deutschland aufgewachsen sind! Das, was zum Beispiel in Frankreich und in England gang und gäbe ist, wird nun peu á peu in die Deutsche Nationalmannschaft rein-gebracht. Das ist schön!

| Zur Person |

Hans Adu Sarpei (* 28. Juni 1976) ist ein ghanaischer Fußballspieler, der seit seiner Kindheit in Deutschland lebt. Der Mittelfeldspieler spielt seit der Saison 2007 für Bayer Leverkusen.

»Ich bin schwarz, und ich liebe es auch, ein Schwarzer zu sein.«

Respekt!
Kein Platz für Rassismus
www.respekt.tv

Die WM 2010 ist toll für Afrika

»Winnie« Schäfer wurde 1970 mit Borussia Mönchengladbach Deutscher Meister.

Was bedeutet Respekt?

Das ist Respekt: offen und ohne Vorurteile auf Menschen zuzugehen – egal, woher man kommt, egal, ob schwarz oder weiß, arm oder reich. Ich habe in Afrika und auf der arabischen Halbinsel gearbeitet. Dabei habe ich stets versucht, so mit den Menschen umzugehen, wie man auch mit mir umgehen soll. Auch als Trainer habe ich versucht, nie Unterschiede zu machen. Entscheidend ist der Umgang miteinander, die Bereitschaft, sein Bestes für die Mannschaft zu geben. Respekt und Offenheit bedeuten auch, Spielern zu erklären, warum sie nicht spielen. Und natürlich alles dafür zu tun, den Spieler noch ein bisschen besser zu machen und ihn bei seiner Entwicklung zu unterstützen.

Wie war das in Kamerun?

Ich kannte Afrika nicht – von einer Zwischenlandung in Côte D'Ivoir[1] abgesehen. Aber in meiner Mannschaft in Karlsruhe hatte ich in einen Spieler aus Ghana. Er hat mir einen ersten Eindruck der afrikanischen Mentalität vermittelt. Er war ein liebenswerter Kerl – voller Respekt für die Mannschaft und die Trainer. Das habe ich in Kamerun wieder gefunden. Ich habe deshalb so gern mit Kamerun gearbeitet, weil die Spieler zuhören konnten und weil sie sich intensiv, als Team und jeder für sich, mit der individuellen Entwicklung und der unserer Mannschaftsleistung beschäftigt haben. Sie haben stets versucht, das umzusetzen, was ich mit ihnen besprochen hatte – und natürlich weil alle phänomenal Fußball spielen konnten.

Ab wann waren Sie als Trainer voll anerkannt von der Mannschaft?

Es gibt immer Schlüsselmomente. Beim ersten Treffen in Leverkusen und im ersten Gespräch mit dem Kapitän der Mannschaft, Patrick M'Boma, war dieser sehr distanziert und fragte nach einigen Minuten, ob mein fehlendes Französisch und mein bescheidendes Englisch nicht problematisch sein würden. Da legte ich ihm meine ganzen Unterlagen zur Mannschaft hin und sagte: »Patrick, brauchst du einen Fußballcoach oder einen Englischlehrer?« Dann bin ich auf mein Zimmer gegangen. Nach zehn Minuten kam er mit drei Führungsspielern und sie sagten: »Coach, Fußball ist international. Wir ziehen voll mit!« Das Verhältnis, das sich dann entwickelte, war von tiefem Vertrauen und Zusammenhalt geprägt. Wir hatten ein Ziel, und es bestand nie Zweifel daran, dass wir an einem Strang ziehen und dass wir zusammenhalten werden.

Ist die WM in Südafrika eine Chance?

Ja – und ich bin froh, dass es geklappt hat. Damals hab ich von Südafrika und Marokko viel verbale Prügel eingesteckt, weil ich gesagt habe, wenn eine WM nach Afrika kommt, dann wird es unheimlich schwer, diese auszurichten – gerade für Südafrika. Dann muss die FIFA Hilfestellung geben. Ich bin froh, dass die FIFA den Horst R. Schmidt[2] hingeschickt hat – und wahrscheinlich noch mehr Leute. Weil es notwendig war! Denn wenn die WM wirklich großartig wird, wird es toll für ganz Afrika.

| Zur Person |

Winfried »Winnie« Schäfer (* 10. Januar 1950) ist ein ehemaliger deutscher Profi-Fußballer. Seit den 80er Jahren arbeitet er als Fußballtrainer und konnte 2002 mit der Nationalmannschaft Kameruns den Gewinn der Afrikameisterschaft feiern.

»Als Trainer habe ich versucht, nie Unterschiede zu machen.«

[1] *Elfenbeinküste*

[2] *Horst R. Schmidt ist für die FIFA im Rahmen der WM 2010 in Südafrika als Berater tätig. Sein Interview folgt auf dieses.*

ZDF
Respekt!
Respekt!
Kein Platz für Rassismus
www.respekt.tv

Respekt ist Grundlage jeder Zusammenarbeit

Horst R. Schmidt ist Berater der FIFA für die Fußball-Weltmeisterschaft 2010.

| Zur Person |

Horst Rudolf Schmidt (* 19. November 1941) ist deutscher Fußballfunktionär. Seit mehr als 30 Jahren arbeitet er in den Gremien von FIFA und UEFA für die Organisation von Welt- und Europameisterschaften.

Was bedeutet Respekt für Sie?

Respekt spielte in meiner gesamten beruflichen Laufbahn, die sich über viele Jahrzehnte im Fußball vollzogen hat, eine ganz enorme Rolle: Ohne Respekt ist es gar nicht möglich, wichtige Ziele als Person oder auch als Gruppe umzusetzen! Nur mit Respekt hat man eine Chance, ein Ziel zu erreichen. Eines der wichtigsten Elemente im Sport ist in der Tat der Respekt: der Respekt vor dem Mitmenschen, vor dem Mitspieler, vor dem Mitarbeiter, vor dem Kollegen. Und deshalb ist das ein ganz wichtiges Element meines beruflichen und privaten Lebens.

Zeigt man mit der WM in Südafrika Respekt gegenüber dem schwarzen Kontinent?

Genau so ist es. Sepp Blatter[1] hat sich über viele Jahre diesem Ziel verschrieben und betont: »Der Fußball muss Afrika etwas zurückgeben«. Die Afrikaner haben insbesondere durch herausragende Spieler in den letzten Jahren Aufsehen erregt. Sie haben das Fußballgeschehen auf diese Weise ganz erheblich mitgestaltet und es war nur naheliegend, dass die FIFA ihre wichtigste Veranstaltung nach Afrika vergibt.

Respekt spielte in diesem Zusammenhang und in diesem Wettbewerb eine wichtige Rolle: Wir haben immer beachtet, dass der Mitbewerber auch entsprechend geschätzt wird und dass es keine Missstimmung gegeben hat. Ich kann Ihnen versichern, dass es über die gesamte Bewerbungsphase für 2010 keinen einzigen Fall gegeben hat, wo es daran gefehlt hätte. Meine Tätigkeit in Südafrika könnte gar nicht funktionieren, wenn es nicht selbstverständlich wäre, dass ich für alle Mitstreiter in Südafrika ein hohes Maß an Respekt empfinde. Das ist die Grundlage jeder Zusammenarbeit – auch dort.

Wie entwickelt sich Afrika?

Ich glaube, der Kontinent ist im Aufbruch. Das hat nicht nur damit zu tun, dass dort eine Weltmeisterschaft stattfindet – aber die Weltmeisterschaft verstärkt dieses Gefühl. Die Afrikaner haben erkannt, dass es wichtig ist, dass sie ablassen von den großen Schwierigkeiten der letzten Jahre, dass sie sich sammeln und konzentrieren und dass man die wirtschaftliche und gesellschaftliche Entwicklung vorantreibt. Ich wünsche sehr, dass diese Weltmeisterschaft dem Kontinent ein neues Selbstbewusstsein gibt. Und das ist auch das Ziel der Südafrikaner, die möchten, dass diese WM eine afrikanische WM ist! Ich hoffe sehr, dass das Ganze ein großer Erfolg wird.

Sie machen beim DFB auch mehrere Kampagnen gegen Rassismus. Wie ist der Status quo?

Das ist ein Dauerjob – man muss immer wieder antreten und Überzeugungsarbeit leisten, man muss immer wieder klarstellen, wie die eigene Position ist. Auf diese Weise kann man Fortschritte erzielen! Man muss vor allem auch bereit sein, zu investieren und immer wieder geeignete Menschen finden, die einen begleiten in solchen Kampagnen. Das ist unser Ziel und so arbeiten wir weiter.

»Ich glaube, Afrika ist ein Kontinent im Aufbruch.«

[1] *Sepp Blatter ist Präsident des FIFA Weltfußballverbandes.*

Respekt!
Kein Platz für Rassismus
www.respekt.tv
ANTON

Respekt habe ich erst lernen müssen

Thomas Schneider ist überzeugter Netzwerker und versteht sich als Mittler zwischen der DFL und den Fans.

| Zur Person |

Thomas Schneider (19. Juni 1959) ist seit Herbst 2006 Koordinator für Fanangelegenheiten bei der DFL Deutsche Fußball Liga GmbH.

Was bedeutet Respekt für dich?

Respekt habe ich lernen müssen, das fällt einem nicht in die Wiege. Ich war früher sehr respektlos, aber das lernt man in der Auseinandersetzung auf dem Dorf, zwischen Jungs, in der Klasse, auf dem Schulhof. Da geht es immer darum, dass einer den anderen übertreffen will.

Später habe ich mich dann entschieden, Pädagogik zu studieren, ohne zu wissen, was genau auf mich zukommt – außer, dass ich mich um Probleme kümmern möchte, die andere Menschen haben. Denn ich glaube, ich habe das Talent, für Lösungen zu sorgen. Erst als Erwachsener habe ich gelernt, was Respekt ist. Das war für mich vorher eine Vokabel, aber ich habe festgestellt, dass Rücksichtnahme auch ein harter Kampf mit sich selbst ist. Respekt ist für mich keine hohle Phrase, sondern ein ganz wertvoller Begriff. Deswegen hat mir das Schild auch so gefallen, als ich es das erste Mal sah: Denn dieses Wort ist eins der wichtigsten Zauberworte, die das Zusammenleben erträglich machen.

Hast du Erfahrungen mit Vorurteilen machen müssen?

Als Junge vom Dorf habe ich jede Menge Erfahrungen mit Vorurteilen machen müssen: Ich musste auf die weiterführende Schule in der Kleinstadt gehen, und dort waren wir die Provinz-Eier. Ich habe das aber auch im Fußball gemerkt – wenn man gegen sportlich überlegene Kinder besser verdienender Eltern Fußball gespielt hat, hat man schon so was wie Zurückstufung erlebt.

Ich bin der Älteste von vier Kindern einer Arbeiterfamilie. Ich weiß noch genau, wie das war, als mein kleiner Bruder geboren wurde und ich plötzlich das Gefühl hatte, ich bin jetzt asozial. Denn das war eine Vokabel, die ich mit 13 schon kannte. Ich kannte nämlich in meinem ganzen Freundeskreis keine einzige Familie, die vier Kinder hatte.

Respekt früher – heute. Was hat sich geändert?

Man darf nicht zum Romantiker werden und sagen: »Früher war alles besser!« Ich glaube nicht, dass Respekt früher gottgegebener oder gesellschaftlich akzeptierter war. Es war eine andere Gesellschaft, in der weniger Freizügigkeit und Freiheit herrschten. Deswegen war viel mehr verordnet, und die Menschen haben sich nicht getraut, über gewisse Normen hinauszugehen.

Heute ist es um so wichtiger, Respekt wieder in den Wertekatalog aufzunehmen. Denn dieser Wertekatalog ist lange nicht mehr bestimmt worden. Es gibt ja diese Diskussion in der Politik, die bis in die Pädagogik reinspielte: Was muss man Kindern eigentlich mit auf den Weg geben? Braucht unsere Gesellschaft Werte? Das ist leider schnell in einem konservativen Licht diskutiert worden, doch das schadet eigentlich der Diskussion. Ich glaube, es ist wichtig, im Zusammenleben genau hinzugucken und sich die Mühe zu machen, miteinander zu kommunizieren, statt sprachlos zu sein. Mich ärgert, dass eine Vokabel wie Respekt, die ja auch für eine Lebenshaltung steht, als erledigt gilt!

»Es ist wichtig, Respekt wieder in den Wertekatalog aufzunehmen.«

Highlights
BUNDES
Respekt!
Kein Platz für Rassismus
www.respekt.tv

Sport verbindet Menschen

Die Rollstuhl-Basketballerin spielte 2008 bei den Paralympics mit und gewann mit ihrer Mannschaft Silber.

Was bedeutet für dich Respekt?

Respekt bedeutet für mich, dass mich Menschen so akzeptieren, wie ich bin, mich als Mensch wahrnehmen und behandeln. Ich habe oft das Gefühl, dass Menschen nur meine Behinderung wahrnehmen, aber nicht mich als Person. Ich selbst respektiere Menschen für das, was sie leisten und wie sie sind, ohne dass sie sich verändern müssen.

Hast du bisher negative Erfahrungen machen müssen aufgrund von Respektlosigkeit anderer?

Ja, was ich immer wieder als sehr respektlos empfinde: Wenn ich unterwegs bin mit einer Gruppe oder einer Freundin, wird diese von den Leuten oft als Begleitperson angesehen und nicht als meine Freundin. Die Leute richten dann an meine Freundin Fragen, die mich betreffen. Das finde ich einfach respektlos – ich kann für mich selbst antworten!

Auf welche Barrieren stößt du als Rollstuhlfahrerin?

Was die Gesellschaft angeht, muss vieles noch rollstuhlgerechter werden. Ich bin jemand, der keine Probleme mit Barrieren hat, weil ich als behinderter Mensch so offen bin, dass ich auf Leute zugehen und sagen kann: »Hier sind drei Stufen, kannst du mir mal hochhelfen?« Das kann man aber nicht von jedem behinderten Menschen verlangen.

Worauf bist du stolz?

2000 in Sydney bei der Olympiade waren wir Vorletzter geworden. Ich war ganz oben in der Halle und hab bei der Siegerehrung zugeguckt und aus Flachs gesagt »Wäre schön, wenn wir auch mal da unten stehen würden« und hab es aber für unrealistisch gehalten. Na ja, und acht Jahre später in Peking war es dann endlich soweit: Paralympics. Da endlich durften wir uns die Silbermedaille abholen! Und darauf bin ich sehr stolz, da sich die viele Arbeit und auch die vielen Tiefschläge auf dem Weg dahin gelohnt haben, und wir nicht den Glauben daran verloren haben. Das gibt Stärke für das ganze Leben.

Gibt es auch rassistische Rollstuhlfahrer?

Selbstverständlich gibt es auch rassistische Rollstuhlfahrer, es gibt Arschlöcher als Rollstuhlfahrer, das gibt es alles. Schließlich sind wir alle nur Menschen – ob mit oder ohne Behinderung. Ich glaube aber, dass Rollstuhlfahrer in der Regel ein bisschen liberaler sind als Menschen ohne Behinderung, weil sie die Erfahrung geprägt hat, dass sie eine Minderheit sind. Die meisten Behinderten, die ich kenne, kenne ich aus dem Sport, und allein Sport macht ja schon offen. Sport ist etwas, das Menschen verbindet. Ein Behinderter, der Sport treibt, ist meistens sehr selbstbewusst – weil er gelernt hat, mit seiner Behinderung umzugehen. Sport kann viel ausgleichen.

| Zur Person |

Nora Schratz (* 1. Januar 1979) ist hauptberuflich Fachangestellte für Medien und Infodienste. Sie war viermal Europameisterin, holte einmal Bronze bei einer WM und 2008 Silber bei den Paralympics in Peking.

»Selbstverständlich gibt es auch rassistische Rollstuhlfahrer. Arschlöcher gibt es überall.«

Respekt!
www.respekt.tv

Ohne Respekt kein Miteinander

Martin Schwalb gewann mit der Handball-Nationalmannschaft bei der Olympiade 1984 eine Silbermedaille.

Was bedeutet Respekt für dich?

Respekt ist einer der wichtigsten Grundpfeiler einer Gesellschaft: Respekt ist in allen Lebenssituationen wichtig, ist in allen Gemeinschaften wichtig. Ob das die eigene Familie ist, ob das die Sportgemeinschaft ist, ob das die Partei ist, ob das egal wo im Leben ist. Wenn Du keinen Respekt hast vor deinen Mitmenschen, dann wird das Miteinander nie funktionieren. Dann wird es nie irgendwelche positiven Akzente geben.

Heute wird den Mitgliedern in sportlichen Gemeinschaften mehr Respekt entgegengebracht. Früher war es so: Da gab es einen Trainer, der wurde natürlich von allen respektiert – aber der hat seine Spieler nicht respektiert. Das heißt, er hat sie eigentlich mehr benutzt, sie hin- und hergeschoben und nicht mit ihnen gesprochen.

Verändert sich Respekt?

Ja, gerade speziell in meinem Fall als Trainer ist es so, dass man manchmal doch den Respekt der Journalisten vermisst gegenüber der Arbeit, die ein Trainer erledigt. Denn ich glaube, dass kaum jemand einschätzen kann, wie viel ein Trainer arbeitet. Und wenn es dann mal schief geht, dann sind die Leute schnell dabei, alles in Bausch und Bogen zu verdammen und den Trainer sofort infrage zu stellen.

Ich finde, dass unsere Welt sehr schnelllebig geworden ist und deshalb fehlt auch der Respekt den Trainern gegenüber. Ich glaube, dass das in anderen Ländern ganz anders ist: Wenn ich zum Beispiel nach England gehe – da ist der Respekt gegenüber dem Manager wesentlich größer als bei uns. Ich finde diese »Hire and Fire-Mentalität« eigentlich respektlos. Denn es wird nur noch auf den Trainer geguckt, ob der jetzt einen Fehler gemacht hat.

Was denkst du über »schräge Vögel« im Sport?

Ich habe mal mit langen Haaren in der Junioren-Nationalmannschaft gespielt und da hieß es: Wenn ich mir nicht die Haare auf normales Maß abschneiden lasse, werde ich nicht mehr zur Junioren-Nationalmannschaft eingeladen. Das war damals noch gang und gäbe und auch sehr respektlos. Da ging es einfach nur darum, nach 08/15 auszusehen.

Ich bin der Meinung, dass diese schillernden Typen unserem Sport sehr gut tun. Es tut dem Sport allgemein gut, denn es bringt sehr viele Jugendliche dazu, sich für den Sport zu interessieren. Und Jugendliche können sehen, dass man als Sportler auch Ecken und Kanten haben kann – man darf ein bisschen verrückt sein und »trotzdem« gute Leistungen bringen! Diese Entwicklung finde ich ganz, ganz toll, und ich finde es eigentlich schade, dass sie für mich und meine Altersgenossen ein bisschen zu spät kommt. Wir haben das damals in Wallau auch das eine oder andere Mal probiert, indem wir uns unsere Haare ausrasiert haben oder irgendwas Verrücktes gemacht haben. Aber das war damals natürlich schon noch ziemlich verpönt.

| Zur Person |

Martin Schwalb (* 4. Mai 1963) ist deutscher Handballtrainer und spielte früher in der Handball-Bundesliga. Er warf 2.272 Tore und steht damit auf dem vierten Platz der »ewigen« Liste der Torschützenkönige der Handball-Bundesliga.

»Ich bin der Meinung, dass schillernde Typen dem Sport sehr gut tun.«

Respekt!
Kein Platz für Rassismus
www.respekt.tv

Rassismus hat keinen Platz im Team

Michael Skibbe wurde nach einem Kreuzbandriss zum Sportinvaliden.

Wie wichtig ist Respekt?

Ich halte es für ganz wichtig, dass man auf eine tolle und gute Erziehung zurückgreifen kann: Da lernt man eine ganze Menge – ganz besonders auch respektvoll zu sein gegenüber Eltern, Geschwistern und dem Umfeld. Ich denke, da wird eine wichtige Grundlage gelegt.

Werden Kinder heute anders erzogen?

Ja, sie werden in ihren Familien und auch von ihrem Umfeld anders erzogen. Es ist eine viel schnelllebigere Zeit, die Kinder sind zum Beispiel schon früh im Internet unterwegs. Das ist anders, als es in meiner Jugend der Fall gewesen ist. Und das familiäre Verhältnis hat sich angeglichen – es gibt nicht mehr den Respekt gegenüber Eltern, wie das früher war. Vielleicht auch, weil wir unsere Kinder anders erziehen.

Verhalten sich Spieler in anderen Ländern respektvoller gegenüber den Trainern?

Ich denke, dass meine Spieler respektvoll sind, obwohl sie nicht aufstehen, wenn ich in die Runde »Guten Morgen« sage. Ich habe aber auch Erfahrungen in der Türkei gemacht: Dort haben Spieler und Trainer einen sehr respektvollen Umgang – und auch ansonsten bemüht man sich sehr, im Innenverhältnis respektvoll miteinander umzugehen. Anders ist es vielleicht in den Medien und vielleicht auch mit den sehr impulsiven Fans: Da werden im Überschwang der Gefühle viele Sachen noch schneller rausposaunt und herausgeschrien als in Deutschland. Also es gibt natürlich in der Kultur, in der Bildung und natürlich auch in der Erziehung Unterschiede.

Werden in einer Mannschaft alle Nationalitäten gleich geachtet?

Ich finde nicht, dass es da unterschiedliche Level gibt – nicht nur bei uns in der Mannschaft, sondern insgesamt im Sport. Eine Fußballmannschaft ist eine unglaublich verbindende Gemeinschaft: Das steht man zueinander, man macht auch mal Scherze miteinander oder Witze übereinander. Aber das hat nichts mit der Ausbildung, mit der Herkunft oder mit der Hautfarbe zu tun! Ich bin fest davon überzeugt, dass Rassismus keinen Platz in einer Mannschaft hat. Derjenige, der sich ungebührlich verhalten würde, wäre in einer multikulturellen Mannschaft ganz schnell unten durch.

Ist die U21 ein Querschnitt der deutschen Gesellschaft?

Wir haben in den Juniorennationalmannschaften oder auch bei uns in den Jugendmannschaften so viele Spieler, die ihre Wurzeln irgendwo in der Welt haben. Es gibt auch mittlerweile so viele Mischehen – das ist richtig toll. Ich finde, unser Staat und auch unsere Gesellschaft haben sich unglaublich entwickelt.

| Zur Person |

Michael Skibbe (* 4. August 1965) ist ehemaliger Profi-Fußballer und trainiert heute Eintracht Frankfurt. 2000 bis 2004 trainierte er zusammen mit Rudi Völler die Nationalmannschaft und bildete eine Doppelspitze im DFB-Team.

»Eine Fußballmannschaft ist eine unglaublich verbindende Gemeinschaft.«

Respekt!
Respekt!
Kein Platz für Rassismus
www.respekt.tv

Beurteilen nach Äußerlichkeiten stört mich

Michael Steinbrecher moderiert das Aktuelle Sportstudio.

Wie definierst du Respekt?

Respekt ist eine ganz wichtige Grundeigenschaft, die man haben sollte. Es hat was mit Achtung zu tun und auch mit Achtung vor Leuten, die anders denken oder anders sind. Insofern ist Respekt auch eine Voraussetzung für Toleranz und damit eine ganz wichtige Eigenschaft.

Hast du schon mal Respektlosigkeit erlebt?

Ich glaube, jeder hat schon mal Respektlosigkeit erlebt. Ich habe früher lange Haare gehabt. Wenn ich damals in den Urlaub gefahren bin und schlecht rasiert war, sah ich wohl aus wie der Prototyp eines Drogenhändlers. Ich wurde an jeder Grenze rausgepickt und der Wagen wurde komplett gefilzt. Ich konnte die Uhr danach stellen, wirklich! Ich glaube, dass viele schön gescheitelte Typen vielleicht irgendwas in ihrem Auto hatten und nicht angehalten wurden. Dieses Beurteilen nach Äußerlichkeiten hat mich oft total gestört.

Als meine Eltern krank waren, habe ich mich in vielen Krankenhäusern aufhalten müssen: wie da mit Kranken umgegangen wird – gerade mit denen, die nicht privat versichert sind oder die vielleicht nicht richtig Deutsch sprechen können. Sicherlich muss man auch die Situation in den Krankenhäusern sehen … Aber wenn die Menschen dort ihre Mappe mit ihrer Krankheitsgeschichte auf dem Bauch haben und stundenlang in diesen Gängen verharren und keiner ist da – das hat oft was Würdeloses. Ich finde, da muss man hingucken, auf die Situation hinweisen und sagen: Auch da müssen wir Respekt zeigen.

Respekt früher und heute – was ist anders?

Ich halte grundsätzlich nichts von Leuten, die sagen: »Früher war alles besser!« Früher war vieles anders, vielleicht sogar ziemlich anders. Aber die Leute wachsen heute anders auf: Früher ist man in gewachsenen Strukturen aufgewachsen, und oft haben die Söhne den Beruf des Vaters übernommen. Für die Töchter gab es gar nicht so viele Alternativen, außer vielleicht Hausfrau zu werden und irgendjemanden zu heiraten – wollen wir das?

Heute ist jeder das Planungsbüro seines eigenen Lebenslaufes und kann im Prinzip vieles machen: Man entscheidet sich, gehe ich zur Schule, will ich eine Ausbildung machen oder will ich studieren. Wo gehe ich hin? Mobilität ist gefragt! Man wird fast gezwungen in immer neue Entscheidungssituationen. Das ist ein anderes Leben und vieles ist flüchtiger. Aber auch dadurch, dass es von einem erwartet wird, immer in Bewegung zu bleiben. Dann Leute zu verurteilen oder zu sagen, diese Generation heute hat keinen Respekt – das finde ich zu kurz gesprungen. Es gibt viele, die keinen Respekt vor anderen haben, aber das war früher auch so – denken wir doch mal an die 50er oder 60er Jahre. Hatte man da Respekt vor Leuten, die ohne Trauschein zusammenlebten? Nein, das war ein Skandal. Heute ist man viel toleranter und das sollte man nicht vergessen.

| Zur Person |

Michael Steinbrecher (* 20. November 1965) ist Journalist und Fernsehmoderator. Seit 2009 lehrt er an der TU Dortmund als Professor für Fernseh- und Videojournalismus am Institut für Journalistik.

»Ich halte grundsätzlich nichts von Leuten, die sagen ›früher war alles besser!‹«

AQUIS ATTIACIS

Rassismus darf kein Thema mehr sein

Harald Strutz ist Mitglied der FDP und sitzt im Mainzer Stadtrat.

| Zur Person |

Harald Strutz (* 22. Dezember 1950) ist bereits seit 1988 Präsident des 1. FSV Mainz 05 und ist damit der dienstälteste Präsident im deutschen Profi-Fußball. Der Jurist war früher Leichtathlet und wurde 1969 und 1970 Deutscher Vizemeister im Dreisprung.

Was bedeutet Respekt für dich?

Respekt bedeutet die Akzeptanz und Anerkennung eines anderen Menschen: dass man jemand anderen schätzt und dementsprechend mit ihm umgeht. Respekt heißt für mich, dass ich mit anderen Menschen so umgehe, wie ich auch behandelt werden möchte.

Ist es einfach, Respekt zu bekommen?

Jeder kann selbst beeinflussen, ob einem selbst Respekt entgegengebracht wird. Wenn ich meinen Mitmenschen offen und respektvoll gegenübertrete, dann wird mein Gegenüber auch mir offen und respektvoll begegnen. Wenn ich hingegen ablehnend oder aggressiv auftrete, brauche ich mich über eine ähnliche Reaktion nicht zu wundern.

Seit 22 Jahren bist du Vereinspräsident – hat sich Respekt in dieser Zeit verändert?

Es ist leider so, dass man heute auch bei Bundesligaspielen fehlenden Respekt der Spieler untereinander in Gesten und Worten feststellen kann. Dieses Verhalten ist auch immer wieder bei Fans zu bemerken, beispielsweise wenn Schmähgesänge gegen Spieler angestimmt werden. Andererseits haben wir im Fußball aufgrund der großen Öffentlichkeit auch die Chance, ein gutes Beispiel für respektvollen Umgang zu geben.

Wie ist dein Verhältnis zum Trainer?

Auf der einen Seite locker, spaßig und vor allem sehr menschlich. Aber auf der anderen Seite respektiere ich jede Entscheidung, die der Trainer vornimmt. Ich erwarte auch, dass er Entscheidungen, die ich treffe, akzeptiert und respektiert. Das ist nicht nur ein angenehmer, sondern auch ein produktiver Umgang.

Du bist ein jung gebliebener Dienstältester …

Erst einmal vielen Dank für das Kompliment. Ich komme selbst aus dem Sport und habe den Verein in den vergangenen 20 Jahren mit aufgebaut. Damit stehst du mittendrin und nicht außen vor. Du bist auch als Präsident in der täglichen Arbeit ein Teil dieses Teams. Diese Nähe ist ein wesentliches Merkmal unserer Arbeit bei Mainz 05. Damit hast du automatisch ein völlig anderes Bewusstsein im Umgang mit deinem gesamten sportlichen Umfeld und auch zu deinen Mitarbeitern in der Organisation.

Gibt es heute mehr Rassismus im Fußball als früher?

Ich glaube nicht, dass der Rassismus im Fußball generell zugenommen hat. Der Fußball steht durch das große Interesse der Medien heute viel mehr im Fokus der Öffentlichkeit als früher. Rassistische Entgleisungen werden daher viel genauer wahrgenommen und transportiert. Dennoch wird auch heute der Fußball von einer kleinen Minderheit immer noch als Plattform für rassistische und ausländerfeindliche Parolen missbraucht. Verbände und Vereine dürfen daher nicht müde werden, entschieden gegen diese Strömungen zu kämpfen. Gleichzeitig ist es aber auch ein Auftrag für alle vernünftigen Fans, durch Zivilcourage eindeutig Position gegenüber jeder Form von Fremdenfeindlichkeit zu beziehen.

»Der Fußball wird heute von einer kleinen Minderheit immer noch als Plattform für rassistische Parolen missbraucht.«

Respekt!
Kein Platz für Rassismus
www.respekt.tv
Respekt!

Wir sprühen vor Respekt!

Benjamin Theodor & Christian Schopp machen das Friedrichsdorfer Vereinsheim zu einem Kunstwerk.

1. Was ist für euch Respekt?
Respekt ist für uns, wenn Menschen respektvoll miteinander umgehen.

2. Ist man eurer Kunst gegenüber immer respektvoll?
Ja, eigentlich schon, kommt drauf an, was man wohin malt. Wenn die Leute was mit unserer Kunst anfangen können, sind sie dafür offen.

3. Vor wem oder was habt ihr größten Respekt?
Vor unserer Mum und dem besten Maler der Welt, Seen.

4. Wie lange arbeitet ihr an einer Wand, und wieviele Dosen benötigt ihr?
Ja, das kommt auf die Größe der Wand an, aber so im Schnitt, wie für eurer Bild, brauchen wir etwa 50 Dosen und zwei Tage Arbeit.

5. Wie lange sprayt ihr schon?
Däse malt seit 20 Jahren und ich 15 Jahre, und ich kann euch sagen, mit viel Liebe zum Graffiti …

6. Fussball und sprayen, passt das?
Ja, um die Stadien schöner zu machen. Unser größter Wunsch – der Eintracht das Trikot zu designen.

:

| Zur Person |

Benjamin Theodor , genannt »Pass«

34 Jahre alt

Hobbys: Sneakers und Malen

Job: Orthopädietechniker

| Zur Person |

Christian Schopp, genannt »Däse«

37 Jahre alt

Hobbys: Malen und Musik

Job: Grafikdesigner

Respekt!
Kein Platz für Rassismus
www.respekt.tv
RESPEKT

Vielfalt ist eine ungeheure Chance

Dr. Gunter Thielen initiierte 2005 die Aktion »Du bist Deutschland«.

| Zur Person |

Dr. Gunter Thielen (* 4. August 1942) ist Vorstandsvorsitzender der Bertelsmann Stiftung und Vorsitzender des Aufsichtsrats der Bertelsmann AG. Er studierte Maschinenbau und Wirtschaftswissenschaften in Aachen und promovierte zum Dr.-Ing.

Was bedeutet Respekt für Sie?

Respekt ist die Voraussetzung für das Zusammenleben. Eine Gesellschaft ohne Respekt muss scheitern. Wir leben in einer Zeit mit einer immer vielfältiger werdenden Gesellschaft – ohne gegenseitigen Respekt und Achtung lässt sich ein solches Zusammenleben nicht mehr organisieren. Die Vielfalt von unterschiedlichen Kulturen und Erfahrungen ist für ein Land eine ungeheure Chance, die man nur nutzen kann, wenn man offen und tolerant miteinander umgeht.

Hatten Sie ein besonderes Erlebnis zum Thema Respekt?

Für unseren Schulwettbewerb »Alle Kids sind VIPs« ist es uns gelungen, Sportler, Künstler und TV-Stars als Botschafter zu gewinnen, die alle in Deutschland sehr erfolgreich sind und einen Migrationshintergrund haben. Dabei sind zum Beispiel Mario Gomez, Culcha Candela und Susan Sideropoulos. Ihre Startbedingungen waren nicht in jedem Fall ideal, aber sie haben sich mit viel Kraft und Ehrgeiz »durchgekämpft«. Sie sind heute für viele Jugendliche und Erwachsene richtige Stars, die für ihre Arbeit respektiert werden. Gleichzeitig haben sie darüber hinaus die Aufgabe übernommen, auch anderen Mut zu machen, ebenfalls diesen Weg zu gehen. Im Rahmen von »Alle Kids sind VIPs« besuchen sie Schulen und zeigen, wie wichtig Bildung, Einsatz und Selbstbewusstsein sind, um sich Erfolg und Respekt zu erarbeiten. Für die Schüler sind sie echte Vorbilder. Vor ihren Erfolgen, aber auch vor ihrer selbstgewählten Rolle als Botschafter, habe ich große Achtung und großen Respekt.

Respekt früher und heute: Was hat sich geändert?

Früher hing Respekt viel stärker mit Status zusammen: Jemand wurde respektiert, weil er ein gewisses Alter erreicht hatte, weil er einer bestimmten Berufsgruppe angehörte oder weil er den Staat repräsentierte. Heute werden Menschen viel eher für ihre Leistungen respektiert. Anerkennung, Achtung und Respekt bekommt heute niemand mehr lebenslang, sondern muss sie sich immer wieder neu verdienen. Respektiert zu werden ist deshalb inzwischen viel anstrengender als früher. Gleichzeitig hängt es aber auch mehr vom eigenen Verhalten ab, ob man von anderen anerkannt wird.

Wie hoch sind der Druck und die Verantwortung für Sie als Persönlichkeit des öffentlichen Lebens?

Sind nicht Druck und Verantwortung für uns alle gleich? Respekt kann man doch schließlich nicht an Abgeordnete, Minister oder Manager delegieren. Wir alle müssen Respekt im Alltag leben – jeden Tag aufs Neue. Ich bin mir auf jeden Fall dieser Verantwortung bewusst, egal, ob es sich um das Zusammenleben im Freundeskreis, auf der Straße oder im Job handelt. In diesem Sinne trägt jeder von uns große Verantwortung. Respekt ist und bleibt also eine Aufgabe für uns alle!

»Die Vielfalt von unterschiedlichen Kulturen und Erfahrungen ist für ein Land eine ungeheure Chance, die man nur nutzen kann, wenn man offen und tolerant miteinander umgeht.«

Man sollte immer versuchen, fair zu sein

Michael Thurk wurde in der Saison 2009/10 mit 23 Toren Torschützenkönig der 2. Fußball-Bundesliga.

| Zur Person |

Michael Thurk (* 28. Mai 1976) ist Stürmer beim FC Augsburg. Seine früheren Stationen in den oberen beiden Ligen waren unter anderem 1. FSV Mainz 05, Energie Cottbus und Eintracht Frankfurt.

Was bedeutet Respekt für dich?

Respekt ist wichtig im ganzen Leben. Man sollte immer vor jedem Respekt haben. Denn man erwartet ja auch, dass man selbst respektiert wird. Und deshalb ist das was ganz Wichtiges.

Geht man mit dir respektvoller um, weil du Profi-Fußballer bist?

Ich glaube, man sollte mich nicht anders behandeln, nur weil ich Tore schieße und viele Tore geschossen habe. Ich erwarte einfach, dass man mir Respekt entgegen bringt – ob ich jetzt Tore schieße oder nicht. Ich bringe auch jedem anderen Respekt entgegen. Deshalb hat das meiner Meinung nach nichts damit zu tun, was man auf dem Fußballplatz leistet oder dass man Tore schießt.

Bist du im Fußball schon mal respektlos behandelt worden?

Es ist schon so, dass man sich ab und zu speziell von gegnerischen Fans etwas anhören darf – aber da muss man darüber stehen, solange es nicht unter die Gürtellinie geht. Ich hab auch Respekt vor anderen Menschen und deshalb erwarte ich einfach, dass die Leute auch Respekt vor mir haben. Auch wenn ich jetzt beim Gegner spiele. Oder wenn ich natürlich versuche, gegen die andere Mannschaft zu gewinnen. Egal mit welchen Mitteln, aber ich versuche, da immer fair zu bleiben. Deshalb habe ich immer – nach dem Spiel oder vor dem Spiel – allergrößten Respekt vor meinem Gegenspieler.

Wie ist das, als Großverdiener noch dort zu wohnen, wo man aufgewachsen ist?

Ich bin in diesem Viertel groß geworden und meine Mutter lebt noch heute dort. Meine ganzen Freunde leben da, und ich hatte lange keine Lust wegzuziehen, weil ich mich hier einfach wohlgefühlt habe. Deshalb kam es für mich lange nicht in Frage wegzuziehen. Vor Kurzem bin ich aber doch umgezogen, weil ich inzwischen Frau und Kind habe und da wollten wir uns ein Eigenheim gönnen. Das haben wir jetzt auch gemacht.

Was hat sich für dich im Viertel geändert, als du bekannt geworden bist?

Es ist natürlich schon was anderes: Die Leute sehen einen am Wochenende ab und zu Fußball spielen im Fernsehen. Aber ich wollte nie anders behandelt werden als der Micha, den alle von früher kannten. Ich behandele meine Freunde auch wie früher und hab immer noch dieselben Freunde. Die sollen mich ganz normal behandeln – eben wie den Micha und nicht wie den Fußballer Michael Thurk.

Wie findest du die Internationalisierung der U21 und der Nationalmannschaft?

Die Spieler sind meistens in Deutschland groß geworden. Sie können sich auch fühlen wie Deutsche! Sie kriegen ja nicht einfach einen Pass und spielen dann, weil sie irgendwo anders nicht spielen konnten.

Michael Thurk unterstützt die Kampagnen »Kein Platz für Rassismus« und »Respekt« seit 2006.

SC24
.com
DO YOU FOOTBALL
FCA
1907
LUDWIG

Respekt zeigt sich auch in kleinen Dingen

Thomas Tuchel ist ausgebildeter Fußballlehrer.

Wie definieren Sie Respekt?

Ich würde Respekt definieren mit Höflichkeit und mit Akzeptanz – aber auch mit kleinen Dingen wie in die Augen sehen, Hand geben und grüßen. Eine Akzeptanz schaffen für Bedürfnisse, für Lebensweisen und für andere Kulturen.

Wie schnell haben Sie sich als Trainer der Bundesligamannschaft eingelebt?

Ich glaube, dass die Mannschaft sehr schnell ein Gefühl für den Trainer entwickelt hat – und für mich. Sie konnte natürlich am Anfang nicht absehen, ob ich inhaltlich und taktisch gut bin und ob ich ein gutes Training leite. Es musste als allererstes mal eine Chemie entstehen zwischen Trainer und Mannschaft – und die war und ist bis heute geprägt von gegenseitigem Respekt und durch höfliche Umgangsformen – eben ganz klare Kriterien, wie wir miteinander umgehen.

Sie sind Fußballlehrer – ist das ein Vorteil?

Ich glaube, dass es gut ist, wenn man diesen Beruf erlernt hat. Ich bin sehr froh, dass ich bereits in meinem zehnten Trainerjahr bin. Es ist ein gutes Gefühl, das Handwerk des Trainers erlernt zu haben – weil es sich tatsächlich vom Spieler grundlegend unterscheidet. Es war ausschlaggebend, dass ich die Rückendeckung des Vereins hatte, bevor ich hier angetreten bin. Der Verein und die Vereinsführung haben der Mannschaft vermittelt, dass es hier nicht um eine kurzfristige, billige Lösung geht, sondern dass man sich ganz bewusst für diesen Schritt entschieden hat! Und zwar aufgrund von Kriterien, die nichts damit zu tun haben, wie oft jemand in der Bundesliga gespielt hat oder in der Nationalelf war. Dafür bin ich dem Verein unendlich dankbar, dass ich die Chance bekommen habe, diesen Beruf auf allerhöchstem Niveau auszuüben! Dass ich die Chance bekomme, mich wirklich einzubringen und durch meine Arbeit den Club weiter zu prägen. Das ist etwas Besonderes und hilft dann auch in der Akzeptanz der Mannschaft. Alles andere musste und wollte ich mir erarbeiten durch respektvollen Umgang – eben durch den Umgang, den ich erlernt habe und durch mein Führungshandwerk.

Gibt es Rassismus im Profi-Fußball?

Hier in Mainz sind wir sehr weit davon entfernt. Wir haben hier so viele Nationalitäten, so viele verschiedene Hautfarben in einer Kabine – wir lachen so viel zusammen. Die wichtigste Eigenschaft ist, über sich selbst lachen zu können. Wir nehmen uns mit unseren typischen Eigenschaften auch selbst nicht so ernst.

Ich kann einfach nur aus den Erfahrungen berichten, die ich als Trainer mache und gemacht habe – und die ich als Spieler gemacht habe. Es ist eine Selbstverständlichkeit, sich als Mensch zu begegnen, sich als Mensch zu akzeptieren und zu respektieren. Und auf der anderen Seite würden wir keinen Millimeter tolerieren und zulassen, dass auch nur Ansätze von Rassismus bei uns im Club zum Vorschein kommen!

| Zur Person |

Thomas Tuchel (* 29. August 1973) ist ehemaliger Profi-Fußballer und heutiger Trainer des 1. FSV Mainz 05. Der Betriebswirt trainierte vorher zahlreiche Jugendmannschaften im hochklassigen Bereich.

»Keinen Millimeter Rassismus tolerieren.«

Respekt!
Kein Platz für Rassismus
www.respekt.tv
LOTTO
entega.de
TT
entega

Alles Positive fängt mit Respekt an

Jeffry van Ede begann seine Karriere bei Sony 1991.

Was bedeutet Respekt für Sie?

Respekt würde ich definieren als Zukunft. Meist denkt man bei dem Wort Respekt nur an die Vergangenheit und daran, was jemand erreicht, was jemand getan hat und so weiter. Das finde ich sehr schade. Denn eigentlich steht Respekt auch immer an einem Anfang von etwas. Alles Positive fängt mit Respekt an: Geschäftsbeziehungen, Privatbeziehungen, Liebe. Respekt orientiert sich somit nicht nur an Vergangenem, sondern ist auch Zukunft!

Haben Sie Erfahrungen mit Rassismus?

Ich komme aus Amsterdam, bin ein bisschen Junge von der Straße. Meine Freunde kamen aus Surinam, aus der Türkei, aus Marokko und so weiter – das war normal. Meine Freunde waren immer meine Freunde, das war überhaupt für mich nie ein Thema.

Natürlich gibt es Länder, wo dies anders ist. Ich habe dafür jedoch kein Verständnis. Welche Nationalität, welche Haut-, Haar- oder Augenfarbe du hast – ich unterscheide das nicht. Und hier kommen wir wieder zu dem Wort Respekt. Meiner Meinung nach ist das Gegenteil von Respekt Angst. Die Frage ist: Hat der, der keinen Respekt bekommt, Angst, oder hat der, der keinen Respekt zeigt, Angst. Meines Erachtens ist es letzteres, denn Menschen, die anderen keinen Respekt erweisen, haben meist Angst vor dem Unbekannten. Das Gleiche gilt für Diskriminierung – das ist auch Angst. Und Angst ist ein schlechter Ratgeber, oder?

Erzählen Sie uns bitte von Sonys Engagement für die Organisation streetfootballworld[1].

Ja, das ist ein schönes und wichtiges Thema, weil es mit Respekt zu tun hat. Es geht um Kinder, die gesellschaftlich benachteiligt sind, diskriminiert werden und meist in sozialen Brennpunkten aufwachsen.

Streetfootballworld holt diese Kinder von der Straße und gibt ihnen über den Fußballsport die Chance, sich für die Zukunft zu entwickeln. Sony unterstützt die Organisation mit Knowhow und durch das Engagement der einzelnen Mitarbeiter. Die Kinder bekommen von uns zum Beispiel Produktschulungen und Trainings, um so ihre berufliche Perspektive zu verbessern und zu lernen, im Team erfolgreich zu sein. Diese Non-Profit-Organisation macht das alles über das Symbol des Balles – in der ganzen Welt! Sie initiieren in Afrika Kampagnen zu den Themen AIDS oder Gender Diversity und hier in Berlin Projekte mit sozial benachteiligten Kindern. Respekt!

Unseren Respekt dafür – ein tolles Projekt …

Ja – und es ist nachhaltig. Man muss Respekt vernetzen und das Vertrauen fördern. Und hier kommen wir wieder zur Zukunft. Denn wenn man wirklich versteht, dass Respekt eigentlich ein Anfang ist und in Richtung Zukunft funktioniert, dann ist die Basis von Respekt auch Vertrauen. Wenn man den anderen noch nicht kennt, dann kann man nicht anders anfangen als mit Vertrauen. Und das Vertrauen fehlt sehr oft.

| Zur Person |

Jeffry van Ede ist seit 2008 Geschäftsführer der Sony Deutschland GmbH.

Die Kinder von der Straße holen und ihnen über den Fußballsport eine Chance für die Zukunft geben.

[1] *www.streetfootballworld.org*

Respekt!

Respekt vor Menschen mit Zivilcourage

Günter Wallraff, Journalist und Schriftsteller, wurde berühmt durch seine Reportagen.

Was bedeutet Respekt für dich?

Ich würde den Begriff unterschiedlich definieren. Dazu gehören einmal Menschen, denen ich zum Beispiel mit Respekt eine Widmung in ein Buch schreibe. Oder das sind solche Menschen, die Zivilcourage unter Beweis gestellt haben oder die etwas geleistet haben, und zwar im Sinne von sozialen Leistungen und nicht einfach nur des Erfolges wegen. Jemand, der nicht nur Kohle machen will, sondern sich für andere einsetzt – vor dem hab ich Respekt.

Wieso schlüpfst du in andere Rollen?

Da kommt vieles zusammen. Ich bin jemand, der als Schüler in theoretischen Fächern sehr schlecht war. Ich musste es auf sinnlicher Ebene erfahren, um dazulernen zu können. Indem ich in den Rollen bin, erlebe ich die Welt immer aus einem anderen Blickwinkel. Es ist dann immer alles ganz anders, als ich es vorher wusste – zumal, wenn man prominent ist. Das ist sogar gefährlich, denn Prominenz hat auch immer ein bisschen mit Prostitution zu tun, ob man will oder nicht.

Wie war das Schlüpfen in die Rolle eines schwarzen Menschen?

Ich habe Freunde, deutsche Schwarze aber auch Afrikaner, die oft Probleme in Deutschland haben und immer nur aufgrund ihrer Hautfarbe wahrgenommen und definiert werden. Dadurch können sie in Deutschland keine Normalität erleben, sondern bekommen vielmehr blöde Sprüche und Anmachen zu hören. Manchmal werden sie sogar von oben herab wie ein Kind behandelt – wie ein Schutzbefohlener, dem man sagen muss, wo es langgeht. Zunehmend kommt aber auch aggressive, manchmal brutale Gewalt hinzu, so dass jemand aufgrund seiner Hautfarbe aufpassen muss, nicht zum falschen Zeitpunkt am falschen Ort zu sein und eventuell attackiert zu werden. Diese Situation nimmt in bestimmten Regionen zu. Die rechtsradikale Szene spricht bereits von »national befreiten Zonen«.

Aus diesem Grund hab ich mich entschlossen, mal den Alltag eines schwarzen Menschen zu erleben und mein Äußeres mit einer Perücke und einer dunklen Hautfarbe, die fast in die Haut eingebrannt wurde, verwandelt. In einer Fußballszene in einem Fanzug von Cottbus nach Dresden habe ich dann einmal um mein Leben gefürchtet. Wenn es da nicht eine junge Polizistin gegeben hätte, die den zum Teil angetrunkenen Hooligans Einhalt geboten hätte, wäre ich da nicht mehr heil raus gekommen.

Wenn du die Wahl hättest, mit welcher Hautfarbe würdest du gerne auf die Welt kommen?

Kommt darauf an, wo ich auf die Welt kommen würde. Hier in Deutschland möchte ich nicht unbedingt als Schwarzer auf die Welt kommen. Aber in der jetzigen Situation, so wie ich mich jetzt wehren kann, würde ich doch ganz gern ab und zu mal die Hautfarbe wechseln.

| Zur Person |

Günter Wallraff (* 1. Oktober 1942) wurde durch seine Recherche-Methoden bekannt. Mit anderen Identitäten studierte er das unmittelbare Umfeld seines Reportage-Ziels. Er erhielt zahlreiche Preise und Auszeichnungen und verfasste Bücher, die zu Bestsellern wurden.

»Jemand, der nicht nur Kohle machen will, sondern sich für Andere einsetzt – vor dem habe ich Respekt.«

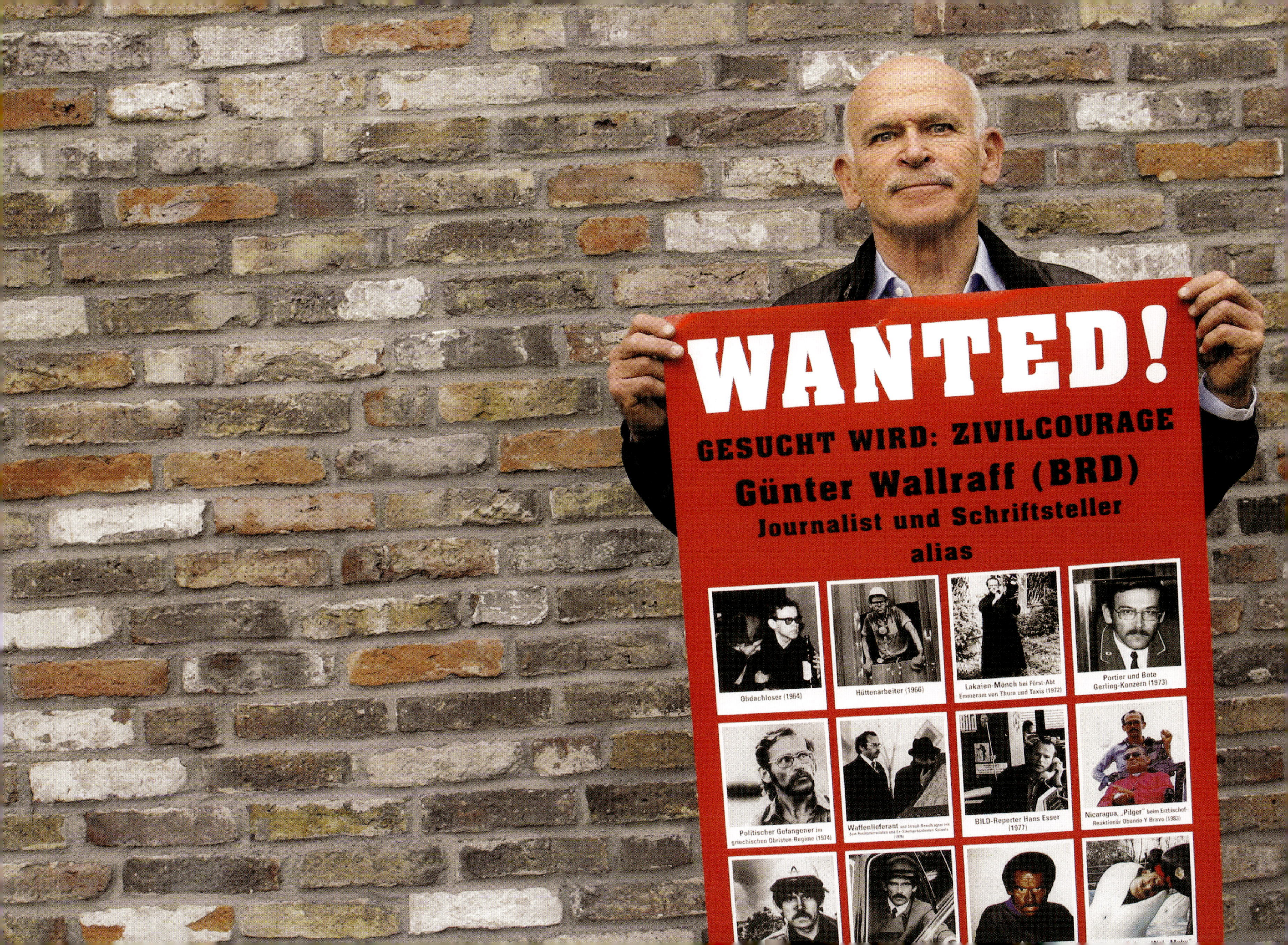
WANTED!
GESUCHT WIRD: ZIVILCOURAGE
Günter Wallraff (BRD)
Journalist und Schriftsteller
alias
Obdachloser (1964)
Hüttenarbeiter (1966)
Lakaien-Mönch bei Fürst-Abt Emmeram von Thurn und Taxis (1972)
Portier und Bote Gerling-Konzern (1973)
Politischer Gefangener im griechischen Obristen-Regime (1974)
Waffenlieferant und Strauß-Beauftragter mit dem Rechtsterroristen und Ex-Staatspräsidenten Spinola
BILD-Reporter Hans Esser (1977)
Nicaragua, „Pilger" beim Erzbischof-Reaktionär Obando Y Bravo (1983)

Rassisten müssen noch viel lernen

Thomas Wark und Béla Réthy sind seit vielen Jahren befreundet.

Thomas, welche Bedeutung hat Respekt in deinem Beruf?

Respekt ist eine Grundvoraussetzung: Stellt euch vor, ich wäre respektlos im Umgang mit meinen Interviewgästen oder in der Kommentierung und in der Bewertung von Fußballern! Das würde gar nicht gehen, ich würde mir einen derart schlechten Ruf erwerben, dass ich demnächst kein Interview mehr bekommen würde. Kritik aber ist ganz wichtig – und auch eine kritische Distanz dem gegenüber, was wir da machen. Gerade in dieser Branche. Aber das darf nicht dazu führen, dass man den Respekt voreinander verliert. Das heißt, ich soll sagen können: Wenn ein Spieler schlecht ist, dann ist er eben auch schlecht. Aber ich darf ihn deswegen nicht einmachen, wie das viele so gerne tun. Man muss immer ein bisschen auf dem Boden bleiben und dazu gehört eben dieser respektvolle Umgang.

Was bedeutet Respekt für euch?

Béla Respekt ist die Basis für das menschliche Zusammenleben weltweit – über Kulturen und Rassen hinweg. Es beginnt schon bei der Kindererziehung: Hier sollte ganz früh vermittelt werden, dass man den anderen respektiert, dass man dem anderen seine Chance lässt, dass man dem anderen vor allem seine Schwächen lässt und ihn nicht verhöhnt. Das geht dann weiter über eine Vermittlung eines Toleranzbegriffs, denn die Übersteigerung von Intoleranz ist im Grunde genommen Gewalt. Hass ist die schlimmste Form von fehlendem Respekt!

Thomas Wenn man sich allein die zehn Gebote noch mal erinnert, was das bedeutet – das steckt alles in dem Begriff Respekt drin! Wenn alle Menschen in der Lage wären, sich respektvoll zu verhalten und miteinander umzugehen, dann wären wir einen Riesenschritt weiter auf dieser Welt. Weil es aber nicht so ist, braucht es Aktionen wie diese hier!

Béla, du hast ungarische Wurzeln – hattest du deswegen schon mal Probleme?

Es gab wenige Situationen, in denen sich Leute hämisch darüber geäußert haben, dass ich einen fremd klingenden Namen habe und aufgrund meiner ungarischen Herkunft nicht das Recht hätte, mich in fußballkritischen Fragen zur deutschen Nationalmannschaft zu äußern. Das führte sogar dazu, dass ich von betrunkenen, pöbelnden Menschen zuhause angerufen worden bin. Einmal war mein Sohn am Telefon und der musste sich den Satz anhören: »Wir machen deinen Vater fertig!« Seitdem habe ich eine Geheimnummer. Das ist wirklich nicht der Regelfall, aber ein höchster Ausdruck von Respektlosigkeit.

Thomas, wie ist das mit dem Respekt bei deinen Kindern?

Wir haben das Glück, in einer Gegend zu leben, in der Respekt eigentlich eine Grundvoraussetzung für das gute Miteinander ist. Aber es gibt dann doch Situationen, in die du rein gerätst, die du vorher nicht für möglich gehalten hättest. Mein Sohn kam eines Tages nach Hause – er war 14 oder 15 Jahre alt

| Zur Person |

Thomas Wark (* 3. April 1957) ist Sportjournalist und arbeitet seit 1987 in der Sportredaktion des ZDF.

»Wenn man sich die 10 Gebote anschaut, mal überlegt, was sie bedeuten – das steckt alles drin, im Begriff Respekt.«

– und sagte: »Ich werde von einer Horde Türken beschattet, die haben mir nachgestellt und die stehen jetzt alle da hinten.«

Ich habe das nicht geglaubt, bin vor die Tür – und da standen sie tatsächlich. Dann gehst du zurück in dein Reihenhaus und überlegst, was machst du jetzt. Nimmst du dir einen Baseballschläger, gehst da raus und verschaffst dir Respekt, drischst dazwischen? Oder gibt es einen anderen Weg? Es gab einen anderen Weg – und ich bin froh, den gegangen zu sein: Ich hab einen Bekannten türkischer Herkunft, und der ist die große integrative Kontaktperson für die meisten Türken in unserer Stadt. Zu ihm bin ich hin und hab erzählt, was passiert ist und gefragt, wie wir die Situation entschärfen können. Als ich nach Hause kam, waren die Jungs weg, alles war in Ordnung!

Einen Tag später habe ich ihn angerufen, um mich zu bedanken und ihn gefragt, wie er das geschafft hat. Und da sagte er: »Kein Thema, du hast dich uns gegenüber sehr respektvoll verhalten!« Ich sagte: »Wie bitte? Das ist doch völlig normal.« »Nein«, sagte er, »andere wären sicherlich gekommen und hätten gesagt: Ihr Türken rottet euch gegen meinen deutschen Sohn zusammen! Aber du hast dich hingesetzt, ganz sachlich, und hast so getan, als wären es Deutsche gegen Deutsche. Das hat uns dazu gebracht, diesen Konflikt möglichst schnell zu beenden!« Und da habe ich am eigenen Leib erfahren, wie wichtig Respekt im Umgang miteinander ist.

Béla, es gibt Leute, die sagen, dass Gerald Asamoah den Adler nicht auf der Brust tragen darf …

Ja, das ist völlig grotesk. Ich will solche Leute gar nicht verurteilen – aus Respekt eben auch vor möglichen anderen Meinungen, und auch wenn ich die Meinungen nicht akzeptieren kann. Aber es ist manchmal – man muss es ganz platt sagen – eine Frage der Grundintelligenz, wie man mit solchen Situationen umgeht. Wenn jemand seine Probleme überträgt auf das Dasein von anderen Kulturen und von anderen Hautfarben, dann muss er noch viel lernen.

Béla und Thomas, ihr seid Freunde und Konkurrenten. Wie geht das?

Thomas Das ist ein gutes Beispiel für Respekt. Wir sind seit 30 Jahren befreundet, sind aber auch seit gut 25 Jahren erbitterte Konkurrenten im Job. Aber unsere Freundschaft hat darunter eigentlich nie gelitten.

Béla Dazu kann ich eine schöne Geschichte erzählen: Früher wurden ja die Final- und Halbfinalreporter erst während des Turniers festgelegt. 1996 sind wir beide im Grunde genommen mit gleichen Voraussetzungen gestartet bei der EM in England. Am Donnerstag vor dem Finale am Sonntag wurde erst entschieden, wer das Endspiel kommentieren darf – und ich habe dieses Los in dem Fall gezogen. Ich habe dieses Endspiel kommentiert, das war mein erstes großes Finale. Für mich war das natürlich eine besondere Situation, auch eine besondere Anspannung. Nach dem Spiel sind wir zurückgekehrt in die Redaktion. Und bevor wir reingehen konnten zum Feiern, stand da der Kollege Thomas Wark vor dem Eingang mit zwei Gläsern Champagner in der Hand und hat mit mir angestoßen! Er sagte: »Alter, haste geil gemacht!« An diese Situation denke ich bis an mein Lebensende, das war sehr bewegend für mich.

| Zur Person |

Auch Béla Réthy (* 14. Dezember 1956) startete 1987 seine Karriere als ZDF-Reporter auf dem Mainzer Lerchenberg.

Respekt!
Kein Platz für Rassismus
www.respekt.tv

Respektlos zu sein ist doof

Der Publizist Oliver Welke gewann 2010 den Adolf-Grimme-Preis.

Was bedeutet Respekt für dich?

Respekt definiere ich als grundsätzliche Achtung vor jedem anderen Menschen. Wenn man respektlos behandelt wird, fühlt sich das doof an. Intelligente Menschen wissen das und wollen selbst nicht so behandelt werden und behandeln andere daher auch nicht respektlos.

Wurdest du schon mal respektlos behandelt?

Ich bin schon in Livegesprächen stehen gelassen worden. Ich habe zum Beispiel Jürgen Röber, der damals noch Hertha-Trainer war, in der ersten Frage auf sein Zitat vom »wackelnden Stuhl« angesprochen – da hat er sich umgedreht und ist weggegangen. Daraus habe ich gelernt, dass es schlauer ist, die kritischste Frage nicht gleich als allererste zu stellen – das ist aber eher eine handwerkliche Sache. Zum anderen war es von ihm kein respektvolles Verhalten gegenüber einem jungen Menschen, der eine legitime, höflich vorgetragene Frage gestellt hat! Das war eine interessante Erfahrung, vor allem direkt nach dem Schlusspfiff, wo man sowieso aufgeregt ist als Neueinsteiger im Job.

Nehmen die Leute den Comedian Oliver Welke ernst?

Wenn man kritische Fragen stellen muss, wird sicherlich der eine oder andere diesen Ausweg wählen und sagen: »Der hat doch eh keine Ahnung von Fußball, der ist Comedian – warum muss ich mir von dem so was anhören, der hat nie einen Ball getreten«. Aber das passiert äußerst selten und das liegt auch daran, dass ich lange genug im Fußball dabei bin, um mir einen gewissen Ruf erarbeitet zu haben. Und ich bin inzwischen klug genug, um zu wissen, dass Trainer und Spieler nach Niederlagen keinen Bock auf Ironie oder Humor haben!

Hat sich die Sportmoderation in den letzten Jahren verändert?

Heute findet man mehr eloquente Gesprächspartner als früher. Mitte der 90er gab es noch Gesprächspartner, bei denen du wusstest: »Ich lass die Nebensätze jetzt mal weg und konzentriere mich auf Subjekt, Prädikat, Objekt, damit mein Gegenüber eine Chance hat, die Frage wirklich aufzufassen«. Der kleine Haken ist, dass heute immer weniger Zitierfähiges dabei herauskommt, weil alle aalglatt sind. Viele haben Medienberater, die ihnen beibringen, wie man sich in Interviews verhält und wie man klare Aussagen vermeidet. Die Baslers und Effenbergs meiner Anfangszeit, die auch innerhalb des Vereins gegen den Strom geschwommen sind und denen es völlig egal war, ob sie Ärger kriegten, sind fast ausgestorben.

Ich hätte aber auch früher niemals jemanden spüren lassen, dass ich das Gefühl habe, dass er die Frage nicht richtig kapiert hat – so weit geht der Humorist in mir dann doch nicht. Aber ich fand es immer toll, wenn es Leuten egal war, dass sie grammatikalisch danebengreifen, weil einfach der Druck aus dem Kessel musste. Klingt alles immer super und ist sprachlich klasse, aber es hat keinen Unterhaltungswert mehr.

| Zur Person |

Oliver Welke (* 19. April 1966) ist ein deutscher Comedian und arbeitet als Sportmoderator. Seit 2009 moderiert er bei ran auf Sat.1 die Spiele der UEFA Europa League.

»Trainer und Spieler haben nach Niederlagen keinen Bock auf Ironie oder Humor.«

Antiidiotikum®
Wirkstoff: Placebo
Zur Steigerung niedriger Intelligenzquotienten
10 Pfefferminz-Blister IQ130
Respekt!

Respekt ist Wertschätzung

Götz W. Werner engagiert sich für das bedingungslose Grundeinkommen.

Wie definieren Sie Respekt?

Respekt ist eine Wertschätzung und die soziale Realität, in der wir leben. Wir sind immer darauf angewiesen, dass andere für uns tätig werden. Es geht also darum, wertzuschätzen, was andere Menschen für uns tun. Und je mehr man das wertschätzt, desto eher sind die anderen bereit, das, was sie tun, gut zu machen – sie sehen einen Sinn darin, sich dafür einzusetzen.

Hat sich Ihr Respektbegriff über die Jahre verändert?

Wenn man jung ist glaubt man, man stünde auf seinen eigenen Füßen. Je älter man wird, desto mehr versteht man, wie sehr man eigentlich auf den Schultern der Gemeinschaft steht, und nicht auf eigenen Füßen. Das war für mich die Erkenntnis, die auch dazu geführt hat, dass sich dm-drogerie markt so positiv entwickeln konnte. Denn eine Arbeitsgemeinschaft, in der über 30.000 Menschen zusammenwirken, funktioniert nur, wenn man die Leistung der anderen anerkennt und respektiert.

Was hat sich in Ihrem Unternehmen in den letzten Jahrzehnten verändert?

Vieles, weil wir in dieser Zeit gewachsen sind und Erfolg gehabt haben. Und wenn man Erfolg hat, dann hat das Folgen: Man kann nicht immer so weiter machen! Man muss sich verändern, man muss das Unternehmen immer wieder neu erfinden und man muss sich darüber im Klaren sein, dass das Unternehmen davon abhängig ist, dass viele Menschen ihre Initiative einbringen – aus jeder Filiale und von jedem Mitarbeiter.

Sind Vorbilder wichtig?

Es ist wichtig, dass wir den Menschen dazu verhelfen, sich selbst zu finden und nicht ihr Vorbild. Dazu sollte die ganze Gesellschaft die Rahmenbedingungen geben. Dieser Vorbildkult ist etwas atavistisches aus alten Zeiten.

Was kann man gegen Rassismus tun?

Ich sehe den Menschen und schätze ihn wert, gestehe ihm Freiheit und Gleichheit zu. Ich billige ihm das Gleiche zu, das ich mir zubillige und begegne ihm auf Augenhöhe. Dann gibt es keinen Rassismus, keine unterschiedlichen Kulturen, auch keine Nationen. Das völkische Denken in Nationen war eine Episode in unserer Entwicklung. Jetzt kommt es drauf an, dass jeder Einzelne, dass WIR Weltbürger werden.

| Zur Person |

Götz Wolfgang Werner (* 5. Februar 1944) ist Gründer, Gesellschafter und Aufsichtsratsmitglied von dm-drogerie markt. 35 Jahre lang war er außerdem der Geschäftsführer des Unternehmens. Für sein gesellschaftliches und unternehmerisches Engagement wurde er mehrfach ausgezeichnet.

Götz W. Werner gab uns das Interview in der Kunsthalle Mannheim, wo er sich vor dem »Filzanzug«, einem Kunstwerk von Joseph Beuys, fotografieren ließ.

Respekt!
Kein Platz für Rassismus
www.respekt.tv

Respekt ist der Kitt unserer Gesellschaft

Sarah Wiener bekochte früher mit ihrer mobilen Küche Filmcrews im In- und Ausland.

Was bedeutet Respekt für dich?

Als Köchin fällt mir zuerst der Respekt vor Lebensmitteln ein: der Respekt vor Zuchttieren, der immer gern vergessen wird. Nicht der Respekt vor »Fiffi«, der einen Wintermantel kriegt. Es geht darum, wie man Nutztiere hält, was man ihnen zu fressen gibt, wie sie aufwachsen, wie sie transportiert werden, wie sie gelagert werden und so weiter. Respekt betrifft eben die ganze Welt! Ich sollte Respekt haben vor etwas, was ich nicht kenne. Vor dem, was mir ähnlich ist, habe ich sowieso Respekt, denn ich denke, dass ich der Mittelpunkt der Welt bin – aber so ist das nicht. Respekt fängt da an, wo ich etwas nicht kenne. Und im besten Fall gebe ich Respekt, und die anderen verdienen ihn sich dann.

Warum gibt es so wenige weibliche Starköche?

Wir leben in einer Männergesellschaft und da ist es egal, welchen Beruf du als Frau hast. Wir sind zwar im Vergleich zu anderen Ländern mit der Emanzipation ziemlich weit gekommen, aber eine Gleichberechtigung haben wir hier noch lange nicht. Das sieht man an der ungleichen Bezahlung.

Wie hart war es, sich zu etablieren?

Der Weg war hart. Aber nicht weil ich eine Frau bin, sondern weil mein Weg sowieso hart war. Das hat aber, glaube ich, weniger mit der Frauenrolle zu tun, als vielmehr damit, in was für einem Umfeld du aufgewachsen bist und was du für Erfahrungen gemacht hast. Ich war eben nie die, die mit dem Strom geschwommen ist. Ich war kein wohlerzogenes, adrettes, sauberes Mädchen, welches immer pünktlich in die Schule gegangen ist und Hausaufgaben gemacht hat.

Wie gehst du mit Respekt im Alltag um?

Ich mag es zu denken, dass alte Menschen eine Lebensweisheit haben und eine Erfahrung, von der ich profitieren könnte. Allerdings ist es so, dass viele diesen Respekt sehr schnell zerstören, weil sie sich unmöglich anderen Menschen gegenüber verhalten oder einen Egoismus an den Tag legen, den ich nicht angebracht finde.

Respekt ist der Kitt unserer Gesellschaft. Es sollte etwas sein, was jeder erstmal automatisch vor jemand anderem hat. Und der andere zeigt dann, dass er den Respekt verdient hat. Man sollte den Menschen hinter den Äußerlichkeiten sehen, er ist genauso fremd wie du – und wir sind beide voller Fehler und Makel. Und wir sind uns beide fremd. Aber wir respektieren uns einfach gegenseitig als Menschen – so dumm das klingt! Aber man sollte nicht nur die Menschen respektieren, sondern alles andere um uns herum, zum Beispiel auch die Nutztiere.

| Zur Person |

Sarah Wiener (* 27. August 1962) ist Starköchin und Buchautorin. Die Österreicherin besitzt mehrere Restaurants in Deutschland und engagiert sich seit Jahren für eine artgerechte Tierhaltung und gegen Genfood.

»Als Köchin fällt mir zuerst der Respekt vor Lebensmitteln ein.«

Rein in die Schublade

Janina Wissler ist 160 cm groß, Model, Moderatorin und Grafikerin.

Was bedeutet Respekt?

Jeder weiß, was Respekt bedeutet und jeder weiß, dass man alle Mitmenschen respektieren und einfach mal die Vorurteile weglassen sollte. Aber das Thema kommt viel zu kurz – man müsste darüber öfter reden und deshalb finde ich das Projekt auch wirklich super. Das bringt Menschen dazu, darüber nachzudenken, wie wichtig Respekt doch wirklich ist.

Was bedeutet Respekt im Modelbusiness?

Gerade im Modelbusiness ist Respekt ganz wichtig. Aber es hängt von einem selbst ab, wie man sich selbst den Leuten gegenüber gibt – denn das Meiste kriegt man auch so zurück. Wenn man sich selbst respektlos anderen Menschen gegenüber verhält, kann man nicht erwarten, dass man respektiert wird!

Warum werden die Fotos von euch so stark bearbeitet?

Ich verstehe das auch nicht, denn es wird ein Idealbild verkauft, doch keine normale Frau ist so. Deshalb ist ein total falsches Bild entstanden! Ich weiß als Model, dass niemals ein unbearbeitetes Bild von mir herausgegeben wird. Und genauso wird es bei den anderen gemacht: Jede kriegt die eine oder andere Hautunreinheit oder Falte »weggestempel« – jeder weiß, dass man mit Photoshop ganz tolle Sachen machen kann. Deshalb wird ein völlig falsches Bild nach außen verkauft, und ich finde das wirklich sehr schade, weil deshalb gerade junge Mädchen gefährdet sind, magersüchtig zu werden.

Ist man dir schon mal respektlos begegnet?

Ja, da fällt mir eine Sache ein: 2005 hat meine »Karriere« mit einem Playboy-Fotoshooting angefangen. Eigentlich fanden das alle positiv, aber die Leute haben leider auch Vorurteile: Es gibt natürlich Playmates, die nicht studiert haben oder kein Abitur haben und nicht so sehr intelligent sind wie manch andere. Aber es ist respektlos, dass man dann einfach abgestempelt wird! Wenn mich jetzt jemand sieht und weiß »Ach, die Janina Wissler, die war Playmate. Naja …« – da wird man gleich in eine Schublade gesteckt. Aber ich habe einen Beruf erlernt, ich bin Grafikerin und arbeite auch weiterhin in diesem Beruf. Ich bin seit 2008 selbstständig und kann sehr gut vom Modeln, Moderieren und vom Grafikbereich leben. Ich finde es respektlos, wenn ich, nur weil ich wirklich ästhetische Aktfotos gemacht habe, abgestempelt werde!

Bist Du ein Vorbild für kleine Mädchen?

Nicht wissentlich. Aber meine kleine 18-jährige Schwester erzählt, dass Schulkolleginnen zu ihr kommen und sagen: »Wow, du hast eine Schwester, die im Fernsehen ist und Fotos macht – wie kannst du damit umgehen?« Es wird mir also eher über andere Leute herangetragen. Oder wenn meine Mutter durch die Stadt läuft, dann sagen die Leute: »Wir haben mitgekriegt, dass die Janina nun auch moderiert!« Aber dass Leute selbst zu mir kommen und sagen: »Du machst eine tolle Arbeit« kommt mehr über das Internet als auf persönlichem Wege.

| Zur Person |

Janina Wissler (* 18. November 1983) war 2005 Playmate der Septemberausgabe des Playboys. Sie arbeitet als Model und freie Grafikerin und moderiert Fernsehbeiträge. Mehr Infos auf: www.janinawissler.de

Abgestempelt wegen Playboy-Fotoshooting und Aktfotos.
Foto: Oliver Gietl
Haare & Make Up: Anna Wachsmuth

Respekt!

Fußball führt die Menschen zusammen

Dr. Theo Zwanziger wurde für seinen Einsatz gegen Diskriminierung und Rechtsextremismus ausgezeichnet.

| Zur Person |

Dr. Theo Zwanziger (* 6. Juni 1945) ist promovierter Jurist und seit 2006 Präsident des Deutschen Fußball-Bundes (DFB). Seit 1992 engagiert er sich im Vorstand des DFB – zuerst als Schatzmeister, später dann innerhalb des Organisationskomitees der WM 2006.

Wie definieren Sie Respekt?

Man sollte im Verhältnis zwischen sich selbst und der Gemeinschaft nicht zu egoistisch sein. Und wenn es zu Konflikten kommt, sollte man die Situation des Anderen mit einbeziehen bei all dem, was man zu entscheiden hat.

In Italien gibt es viele Probleme mit Rassismus in den Stadien – wie ist das in Deutschland?

Ich will nicht so tun, als gäbe es diese Vorurteile in Deutschland gar nicht. Aber ich glaube, dass sich unsere klare Haltung in den letzten Jahren sehr positiv bemerkbar gemacht hat. Wir haben in den Bundesligastadien den einen oder anderen Rassismusfall gehabt – wir haben klar reagiert und mit Bestimmungen und Regeln deutlich gemacht, dass Diskriminierung bei uns keinen Platz hat. Wir dürfen nicht gleichgültig sein, wenn rassistische Parolen gerufen werden – hier wird auch die Widerstandsfähigkeit der Fans auf die Probe gestellt. Ich möchte es nicht schönreden, aber wir sind auf einem guten Weg – auch in unserer Konsequenz.

Sie engagieren sich im Tabuthema Homosexualität. Warum?

Wenn wir die Verpflichtung und die Verantwortung aus der WM 2006, ein offenes und ein tolerantes Land zu sein, ernst nehmen wollen, müssen wir bereit sein, mit einem solchen Tabuthema aufzuräumen: Ich habe als junger Mensch noch erleben müssen, dass Homosexualität strafbar war. Ich habe erlebt, was jungen Leuten, die im Versteck ihrer sexuellen Orientierung nachgehen mussten, angetan worden ist.

Vor einigen Wochen habe ich ein wunderbares Erlebnis in meiner Heimatgemeinde gehabt: Ich wusste, dass in einer Familie ein junger Mann lebt, der homosexuell ist. Er durfte das nie zeigen, weil seine Eltern unglaublich schwer damit umgehen konnten. Es hat mich gefreut, als ich ihn mit seinem Freund vor drei oder vier Wochen offen durch unsere Gemeinde gehen sah. Das ist ein tolles Zeichen, dass wir weiterkommen in unserer Gesellschaft!

Sie sind sehr offen und liberal – woher kommt das?

Das sind Erziehungsprozesse, die man selbst durchmacht als junger Mensch. Ich hatte das Glück, von einer Großmutter und einer Mutter erzogen worden zu sein, die aus den schrecklichen Verlusten – mein Vater und mein Großvater sind im Krieg umgekommen – die richtigen Lehren gezogen haben und die wussten, dass im Rassismus die Ursache für all dieses Unglück lag.

Sie sind Chef der Fußballstars – wie wichtig sind Vorbilder heute?

Man muss anerkennen, dass diese jungen Leute Tolles leisten auf dem Platz. Sie sind Artisten, sie haben Möglichkeiten, die nicht jeder hat. Und sie sind sehr starke Persönlichkeiten. Die haben viel gearbeitet, um das zu werden, was sie sind. Allein das ist schon ein Vorbild für junge Menschen!

Sepp Herberger – ein Vorbild für den Präsidenten.

Sepp Herberger
Bundestrainer
Respekt!
Kein Platz für Rassismus
www.respekt.tv

| Otto Addo |
| Klaus Allofs |
| Ioannis Amanatidis |
| Mimoun Azaouagh |
| Bodo Bach |
| Liz Baffoe |
| Bülent Ceylan |
| Jörg Dahlmann |
| Dante |
| Bakary Diakité |
| Tilman Döring |
| Horst Eckel |
| Grafite |
| Michael Gross |
| Daniel Gunkel |
| Dunja Hayali |
| Wilhelm Heitmeyer |
| Sebastian Hellmann |
| Steffi Jones |
| Adolf Katzenmeier |
| Johannes B. Kerner |
| Gül Keskinler |
| Marlis Kieft |
| Patric Klandt |
| Hellmut Krug |
| Bruno Labbadia |
| Alexander Leipold |
| Willi Lemke |
| Tobias Levels |
| Corny Littmann |
| Oka Nikolov |
| Patrick Owomoyela |
| Otto Pfister |
| Karin Plötz |
| Martin Quast |
| Shary Reeves |
| Nuri Sahin |
| Matthias Sammer |
| Hans Sarpei |
| Winfried Schäfer |
| Horst R. Schmidt |
| Thomas Schneider |
| Neven Subotic |
| Benjamin Theodor |
| Gunter Thielen |
| Michael Thurk |
| Thomas Tuchel |
| Jeffry van Ede |
| Reinhold Yabo |
| Theo Zwanziger |

B. Basala-Mazana	Thomas Berthold	Uwe Bindewald	Juergen Boos	Heribert Bruchhagen	Ralph Caspers
Dirk Engel	Bican Erbasli	Ernst-Reuter-Schule	Florian Fromlowitz	Michael Gabriel	Gilberto
Pascal Hens	Dieter Hoeneß	Mats Hummels	Mohamadou Idrissou	Valérien Ismaël	Olivia Jones
Sanem Kleff	Johnny Klinke	Jürgen Klopp	Karl-Heinz Körbel	Katja Kraus	Stefan Kretzschmar
Walter Lochmann	Peter Lohmeyer	Patrik Meyer	Andreas Möller	Henni Nachtsheim	Maximilian Nicu
Bastian Reinhardt	Béla Réthy	Irie Révoltés	Ulf Rödde	Pascal Roller	Lothar Rudolf
Christian Schopp	Nora Schratz	Martin Schwalb	Michael Skibbe	Michael Steinbrecher	Harald Strutz
Günter Wallraff	Thomas Wark	Oliver Welke	Götz W. Werner	Sarah Wiener	Janina Wissler

Respekt!

Die Crew

www.respekt.tv

Das schaffen wir locker. Kein Problem

Die Macher dieses Buches gingen leider nicht immer respektvoll miteinander um, bedauert Mit-Herausgeber Lothar Rudolf.

Wenn ich das vorher gewusst hätte, gäbe es dieses Projekt nicht. Niemals hätte ich meine Energie, meine Zeit und mein Geld da rein gesteckt. Hinterher ist man eben immer klüger.

Monate zuvor saß eine Gruppe von begeisterten Menschen im Konferenzraum zusammen und sagte »...tolles Projekt ...super Idee ...das kriegen wir locker hin, bis zur WM...« Und die Promis? »Kein Problem, fünfzig bringe ich alleine.« »Und ich die anderen fünfzig. Kein Problem.« Und 100 Filmaufnahmen in ganz Deutschland? Die Termine? Und das Schneiden? »Fünfzig Filme drehe und schneide ich! Wir drehen die mit einer Kamera, stellen kurz die fünf Fragen. Das wirkt dann wie selbst gemacht. Homevideomäßig.« sagt Hans. »Und ich drehe die anderen fünfzig! Kein Problem. Ich bin sowieso oft bei Profis vor Ort. Da sparen wir Zeit und Geld,« sagt Kwamena.

Kommen wir also mit dem Budget pro Schnitt aus? »Ja, kein Problem.« Und der Text? »Den mache ich! Kriege ich locker hin. Und günstig. Keine Angst.« Und die Fotos? »Mache ich.« sagt Kris. »Bin doch sowieso überall dabei.«

Gut. Bei Grafik und Layout kenne ich mich aus. Könnte klappen, das Buch.

Nächster Termin beim Verlag. Große Runde. Die ganze Crew dabei. »Schaffen Sie das mit Ihrer Mannschaft, Herr Rudolf? Können Sie das stemmen?« fragt der Verlagschef. Ein lautes, vielstimmiges »Jaaaaa, kein Problem!« schallt durch den Raum. Also, los geht's. Zwei Listen mit Promis werden erstellt. Nur der Papst und Obama fehlen ...

Erster Drehort, die DFB-Zentrale. Termin mit Steffi Jones. Großes Aufgebot: Zwei Kameras, ein Fotograf, ein Herausgeber und natürlich Steffi. Zwei Stunden Dreh. Viele lange Fragen. Viele lange Antworten. Alles super. »Den ersten Dreh schneide ich mit Hans zusammen,« sagt Kwamena. »Das ist der Standard, den wir setzen! Der Film muss super werden, sonst machen die anderen nicht mit.« Ich denke nur: Wir sprachen doch von einer Kamera. Von homemade. Kurze Fragen. Kurze Antworten. Haut das zeitlich noch hin?

Der Samstag ging bei den beiden fürs Schneiden drauf. Und, der Steffifilm ist super. Ein Meisterwerk! Der Standard war gesetzt. Aber 100 Stück davon. Geht das?

Auf meine Frage, ob wir das schaffen, mit unserem Budget, die Antwort: »Wir brauchen nur noch eine zweite Kamera und außerdem ein Auto. Und Jan kann ja auch mit meiner Kamera filmen und bei mir schneiden. Dabei lernt er ja auch was, und wir sparen Geld«, ergänzt Hans.

Zwei Wochen später. Ende November. Haben wir weitere Dreh-Termine? »Das ist nicht so einfach, wie du denkst. Das sind Promis. An die kommt man nur ganz schwer ran. Das dauert.« Doch nach und nach kommen die Termine. Dortmund mit Jürgen Klopp und vier Spielern. Nix wie hin. Vor Ort herrschen gefühlte minus 50 Grad, und alles ist gut vorbereitet. Profis halt. Ruckzuck fünf Interviews mit zwei Kameras, noch ein paar Fotos. Freund-

| Zur Person |

Kris-Patrick Rudolf (*28. August 1983) hat mit seinem Vater Lothar die beiden Aktionen »Kein Platz für Rassismus!« und »Respekt!« ins Leben gerufen. Kris ist ausgebildeter Mediengestalter. Mit Kwamena Odum war er verantwortlich für die Regie und Umsetzung der Interviews, die in ganz Deutschland stattfanden. Das Projektmanagement von »100 Menschen – 100 Geschichten« lag in seinen Händen.

Das ZDF- und das Respekt!-Team im Fritz-Walter-Stadion. Kris Rudolf (Wollmütze) und Kwamena Odum inszenieren Horst Eckel und Peter Lohmeyer.

Fritz-Walter-Stadion
Pfalz. Immer am Ball.
Deutsche Vermögensberatung
Ihre Volkswagen
BAD DÜRKHEIM
Zum Wohl. Die Pfalz

licher Abschied. Wenn das so weiter geht, schaffen wir das.

Aber plötzlich hatten wir eine Kamera weniger und keinen Schnittplatz mehr. Wieso? Nun, Hans muss Geld verdienen. Also, Schnittplatz kaufen, Kamera besorgen. Wenn ich das vorher gewusst hätte …

Die Monate vergehen, dreißig Drehs sind gemacht, Jan schneidet Film auf Film. Sehen gut aus. Lob von allen Seiten. Aber wo bleiben die Promis von Hans? Krisensitzung. Alle sind da, auch Hans. »Wir schaffen das. Keine Sorge. Wir sind doch Profis.«

Noch zwölf Wochen bis zur WM. 55 Drehs sind fertig. Jan auch. Er schneidet Tag und Nacht. Petra schneidet auch. Nur die Promis von Hans fehlen immer noch. Warum? Kurzer Anruf, knappe Antwort: »Ich muss Geld verdienen.« Wenn ich das vorher gewusst hätte …

Aber das hilft uns nicht weiter. So fahren halt Kwamena und Kris unter größtem Zeitdruck quer durch Deutschland, drehen (mit zwei Kameras), interviewen und fotografieren. »Shotlisten« werden von allen Drehs gemacht. Jeder auch noch so lange Dreh wird Wort für Wort niedergeschrieben. Fast alle hat Kurt, unser Praktikant, angefertigt. Ohne zu meckern. Chapeau!

Und Jan schneidet, was das Zeug hält. Komplimente von allen Seiten: »Genial, was der Junge drauf hat.«

Neues Problem: Stehen die richtigen Fragen und die korrekten Namen mit der exakten Berufsbezeichnung fehlerfrei an der richtigen Stelle im Film? Kurze Überprüfung: Nachbesserung ist nötig. Schuld? Niemand. Aber wie das Problem lösen?

Der Retter heißt Rod. Pfeifend trägt er sein Bike in den dritten Stock der Agentur. Gut gelaunt geht er Freitagabend ans Werk. »Wir rocken das«, sagt er. Er, Kris und Kwamena arbeiten die Nacht durch. Am Montag ist Termin. Dazwischen Samstag und Sonntag, Tag und Nacht. Termin? »Den schaffen wir nicht! Wir brauchen noch ein paar Tage.« Ein Gebrüll von allen Seiten: »Das liegt an der schlechten Planung, am niedrigen Budget, dem gewaltigen Zeitdruck. Das Projekt hätten wir niemals anfangen dürfen! Das kann niemand stemmen! Das hättest Du vorher wissen müssen, Lothar!«

Stimmt. Wenn ich das vorher gewusst hätte, gäbe es dieses Projekt nicht. Niemals hätte ich meine Energie, meine Zeit und mein Geld hier investiert. Aber hinterher …

Allerdings: Wenn ich mir jetzt unser »Baby« anschaue, denke ich: Das ist das Beste, das ich in meinem Leben gemacht habe. Die Mühe hat sich gelohnt.

Dies ist meine, zugegeben recht subjektive Wiedergabe der Geschehnisse. Die wirkliche Wirklichkeit war sicherlich vielschichtiger, und jeder hat seine ganz persönlichen Erinnerungen an das, was passierte.

Ich danke allen, die an diesem außergewöhnlichen Projekt mitgearbeitet haben. Wir dürfen mit Recht stolz sein.

Übrigens: Demnächst trifft sich wieder eine Gruppe von hoch motivierten Menschen in meinem Konferenzraum …

| Zur Person |

Kwamena Obu Mensa Odum (*13. Mai 1967) ist Journalist, Filmemacher, Autor, Reporter. Bei »100 Menschen – 100 Geschichten« lag die Projektleitung Film bei ihm. Seine vorzüglichen Kontakte öffneten viele, auch vorab verschlossene Türen. Er und Kris Rudolf teilten sich Dreharbeiten und Regie. Kwamena ist seit 13 Jahren in der Fernsehbranche tätig. Er arbeitet unter anderem für »Ran« Sat.1 Sport, DSF bzw. Sport1, Liga Total, ZDF »Volle Kanne« und Sat.1 17:30 live.

Rechte Seite: Am Set mit Matthias Sammer. Mit Olivia Jones auf der Reeperbahn. Einpacken nach dem Dreh. Chef-Cutter Jan Rabe beim Schnitt.

35
Respekt!
www.respekt.tv

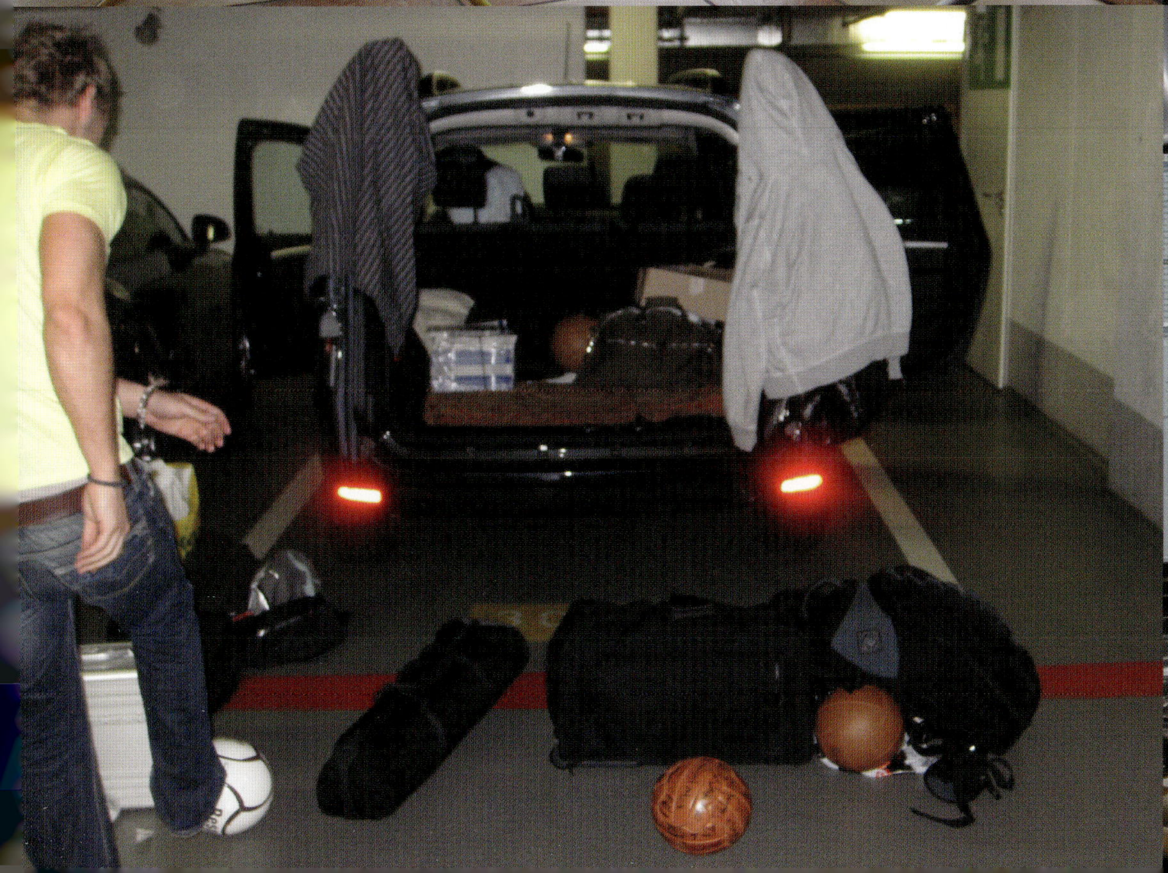

Respekt!

Die Zeitreise

www.respekt.tv

Gepudert und gebürstet

Markus Katzenbach über Arthur Friedenreich, der rassistisch verfolgt wurde.

Eine gewisse Berühmtheit erlangte Paul Steiner, indem er 1990 Fußball-Weltmeister wurde, ohne ein einziges Mal spielen zu dürfen. Berüchtigt war er dafür, dass seine Worte kaum weniger schmerzten als seine Grätschen. »Ich kann mir nicht vorstellen, dass Schwule Fußball spielen können«, philosophierte der knochenharte Kölner Verteidiger einmal, ein anderes Mal soll er den Wattenscheider Senegalesen Souleyman Sane wie folgt begrüßt haben: »Scheiß Nigger, hau ab! Was willst Du in Deutschland?« Na, was wohl: zeigen, wie man Fußball spielt – so lautet die Antwort, die Christian Eichler in seinem »Lexikon der Fußballmythen« darauf findet. Schwarze Fußballmagie habe sich meist stärker erwiesen denn weißer Rassismus, bemerkt Eichler, und man muss nicht Jay-Jay Okochas Zaubertor gegen die versammelte Karlsruher Abwehr mitsamt Oliver Kahn gesehen haben, um ihm zuzustimmen und mit ihm zu hoffen: »Irgendwann kapiert jeder, wie blass ein rein weißer Fußball wäre.«

Indes ist der fußballerische Rassismus so alt wie das Spiel selbst. In Brasilien etwa, das dank der Ballkünste von Schwarzen und Mulatten so viele Weltmeisterschaften gewonnen hat wie kein anderes Land, war es Anfang des 20. Jahrhunderts noch mit seltenen Ausnahmen Weißen vorbehalten, gegen den Ball zu treten. Arthur Friedenreich, der erste dunkelhäutige Fußballstar, durfte nur seiner deutschen und damit weißen Abstammung wegen für Brasilien auflaufen. Der Sohn eines Hamburger Kaufmannes und einer schwarzen Wäscherin aus Sao Paolo kam stets als letzter auf den Platz. Er brauchte in der Kabine eine halbe Stunde, weil er die krausen Haare glattbürsten musste, um den weißen Mannschaftskameraden ähnlicher zu sehen. Manche Mulatten puderten zu diesem Zweck auch ihr Gesicht mit Reismehl – während sich heute weiße Fußballer bisweilen schwarz schminken, um sich gegenüber unverbesserlichen Rassisten mit afrikanischen Mitspielern solidarisch zu erklären.

Im alten Brasilien blieben Schwarze derweil auch gepudert und gebürstet Fußballer zweiter Klasse, Fouls an ihnen wurden nicht gepfiffen. Friedenreichs Antwort war die Erfindung der Körpertäuschung: Damit seine Gegenspieler ihn nicht erwischten, deutete er eine Bewegung an, um dann in die andere Richtung zu ziehen. Das gelang so gut, dass der Weltfußballverband Fifa Friedenreich als besten Stürmer aller Zeiten verzeichnet. Er schoss 1329 Tore, mehr als jeder andere Fußballer.

Rassismus rentiert sich nicht, er macht den Fußball ärmer. Das musste der damalige Präsident Brasiliens erst noch lernen. Aus Prestigegründen verfügte er 1921, dass nicht ein einziger Spieler dunkler Hautfarbe zur Copa America entsandt werden sollte. Brasilien verlor zwei von drei Partien, das Volk war empört – worauf Friedenreich in die Landesauswahl zurückkehren durfte und sie im folgenden Jahr zur Südamerikameisterschaft führte. Die krausen Haare musste Arthur Friedenreich freilich auch danach noch glattbürsten.

| Zur Person |

Markus Katzenbach ist Volontär bei der Frankfurter Neuen Presse, und zu seinen liebsten Fußballern aller Zeiten gehören Jay-Jay Okocha und Anthony Yeboah.

Arthur Friedenreich trotzte dem Rassismus in Brasilien mit der Erfindung der Körpertäuschung.

Rassistische Pöbeleien nehmen überhand

Der »Fall« Ogungbure – ein trauriges Stück deutscher Fußballgeschichte.

Nachdem Adebowale Ogungbure vom Oberligisten FC Sachsen Leipzig während der gesamten Saison 2005/06 rassistischen Pöbeleien ausgesetzt war, ließen sich seine Mitspieler unter dem Motto »Wir sind Ade!« schwarz anmalen und fotografieren, um ihre Solidarität mit dem Kollegen zu bekunden. Gewirkt hat das längst nicht bei allen. Während der Partie von Sachsen Leipzig beim Halleschen FC am 25. März 2006 stürmten Leute aus dem Fanblock von Halle auf das Spielfeld und bespuckten und beschimpften Ogungbure als »Drecksnigger«, »Affen« und »Bimbo«. Das ganze Spiel über kamen Affenlaute von der Tribüne. Aus Protest zeigte Ogungbure daraufhin den Hitlergruß und formte zwei Finger zum Hitlerbärtchen. Er wurde danach vom Hallenser Pöbel geschlagen und getreten. Schier unglaublich war, dass nicht die Hallenser, sondern der Nigerianer am darauf folgenden Tag eine Anzeige wegen des Zeigens verfassungswidriger Symbole erhielt. Die eigentlichen Täter blieben zunächst unbehelligt, obwohl sie nachweislich rassistische Parolen gerufen hatten und handgreiflich geworden waren. Wegen der öffentlichen Proteste stellte die Staatsanwaltschaft das Verfahren am nächsten Tag ein.

Im Oktober 2006 kam es bei der Partie in Leipzig gegen Halle erneut zu rassistischen Schmährufen des halleschen Anhangs gegen Ogungbure. Der Verein wurde daraufhin vom Verband zu einem Spiel unter Ausschluss der Öffentlichkeit verurteilt.

Anfang November 2006, am Rande des Oberligaspiels beim VFC Plauen, rastete Ogungbure aus. Nach dem Schlusspfiff versetzte der Mann aus Lagos seinem ukrainischen Gegenspieler Andriy Zapyshnyi einen Fausthieb ins Gesicht. Zapyshnyi soll ihn »Nigger« genannt haben. Ogungbure wurde für vier Spiele gesperrt.

| Zur Person |

Adebowale Ogungbure (* 13. Juli 1981) ist nigerianischer Profi-Fußballer. Nach Stationen beim 1. FC Nürnberg, SSV Reutlingen 05, Energie Cottbus und FC Sachsen Leipzig spielte Ogungbure in der Saison 2007/08 für den Zweitligisten Kickers Offenbach. Er bestritt bereits zwei Länderspiele für Nigeria.

Rechte Seite: Im April 2006 startete die Aktion »Wir sind Ade!«. Im September 2007 ging aus dieser Aktion die Initiative »Bunte Kurve« hervor. Links: Das Frankfurter Fußball-Magazin ZICO und die Frankfurter Rundschau veranstalteten im Oktober 2007 gemeinsam mit der Frankfurter Buchmesse eine Podiumsdiskussion mit Ogungbure.

CHEMIE LEIPZIG

Eine Idee wird geboren

Im Dezember 2006 wurde folgender Artikel im Frankfurter Fußball-Magazin ZICO über Jermaine Jones veröffentlicht.

Als Kämpfer auf dem Fußballplatz ist Jermaine Jones bekannt. Noch kennen lernen wird man den waschechten Frankfurter »Bub« und Eintracht-Kapitän ab sofort auch als Kämpfer gegen Rassismus.

Jones ist in einer nicht eben als vornehm geltenden Ecke von Frankfurt groß geworden, als Sohn einer Deutschen und eines farbigen US-Soldaten. Negative Erfahrungen mit Rassismus hat er zuhause nie gemacht. »Ich bin ja in Bonames mit vielen Kulturen zusammen aufgewachsen und bin nie blöd angemacht worden«, sagt er. Umso mehr bewegt ihn der »Fall« des Nigerianers Adebowale Ogungbure. Die Geschichte des 25-jährigen vom Oberligisten FC Sachsen Leipzig ist ein ganz finsteres Kapitel deutschen Fußballalltages.

Gehört hat er von dem »Fall« Ogungbure zum ersten Mal, als dieser mit dem Zeigen des Hitlergrußes auf rassistische Beleidigungen durch gegnerische Zuschauer reagierte. Das war Ende März 2006. Im November wurde Jones dann von seinem Jugendfreund Daniel Gunkel, der inzwischen Bundesliga-Profi bei Energie Cottbus ist, auf Ogungbure angesprochen. Gunkel war in Cottbus einst Mannschaftskamerad des 25-jährigen und bat nun um Unterstützung. Klarer Fall, dass Jermaine dabei ist: »Es gehört sich einfach nicht, wenn einer attackiert und provoziert wird, nur wegen seiner Hautfarbe. Und dass der dann auch mal irgendwann ausflippt und sich wehrt, ist doch verständlich.«

»Ich werde mich mit Daniel und Adebowale in der Winterpause zusammensetzen und überlegen, was wir noch alles machen können«, verspricht Jermaine Jones. Zu oft sei es in letzter Zeit zu ähnlichen Vorfällen gekommen, um jetzt noch zu schweigen. Das Pokalspiel Hansa Rostock II gegen Schalke 04, als Nationalspieler Gerald Asamoah mit Affenlauten provoziert wurde, und die Bundesliga-Partie zwischen Alemannia Aachen und Borussia Mönchengladbach, als Gladbachs Brasilianer Kahe und Aachens Moses Sichone aus Sambia rassistisch beleidigt wurden, habe sich so gar nicht mit seinen bisherigen Erfahrungen gedeckt: »In der Bundesliga hatte ich davon noch nichts mitbekommen. Ich dachte, das passiert wohl eher in den unteren Ligen oder im Ausland, wie zum Beispiel bei Eto in Spanien.

Aktionen sind also angesagt, findet Jones. Leipziger Fans haben die Internetseite www.wir-sind-ade.de angelegt, auf der schon mehr als 2000 Leute Gesicht gezeigt und Farbe gegen Rassismus bekannt haben, indem sie ihr Foto und eine Widmung platziert haben. Das gefällt Jones, genau wie die neue ZICO-Aktion »Kein Platz für Rassismus«. »Das ist eine gute Sache und ich werde sie mit meinen Freunden unterstützen«, verspricht der Eintracht-Kapitän: »Auch wenn ich persönlich wenig oder keine schlechten Erfahrungen mit Rassismus gemacht habe. Niemand darf wegen seines Glaubens oder seiner Rasse diskriminiert werden.«

Text: Roland Stipp | ZICO Nr. 7 | 12/2006

| Zur Person |

Jermaine Jones (* 3. November 1981 in Frankfurt) spielte 1988 bis 1994 beim SV Bonames, in der Saison 1994/95 beim FV Bad Vilbel, von 1995 bis 2004 bei Eintracht und danach bei Bayer 04 Leverkusen. Im Januar 2005 kehrte er zur Eintracht zurück und wechselte 2007 zu Schalke 04.

Nachdem Kris und Lothar Rudolf das Interview für ZICO fertig gelayoutet hatten, kam ihnen beiden die Idee, aus einem »Rasenplatz betreten verboten!«-Schild ein »Kein Platz für Rassismus!«-Schild zu machen. In Photoshop. Eine Idee war geboren.

Kein Platz für Rassismus!
Eine Aktion von ZICO,
dem Frankfurter Fußball-Magazin.
MAX BÖGL
RICOH
JAKO
EUROHYPO
Fraport. Die Airport Manager.

Die Schilderaktion: Frankfurt bekennt Farbe

Auf fast allen Sportplätzen in Frankfurt hängt das Schild »Kein Platz für Rassismus!«

Im November 2006 haben wir uns mit Jermaine Jones getroffen und sind dabei auf die Idee für die Aktion »Kein Platz für Rassismus!« gekommen. Der damalige Kapitän des Bundesligateams von Eintracht Frankfurt hatte sich in diesen Tagen vorgenommen, seinen Jugendfreund Daniel Gunkel zu unterstützen, der damals in Cottbus spielte und wiederum etwas für seinen ehemaligen Mitspieler Adebowale Ogungbure tun wollte. Der spielte damals beim Oberligisten Sachsen Leipzig und wurde bekannt, als er auf wiederholte rassistische Schmähungen durch Zuschauer mit dem Zeigen des Hitlergrußes reagierte. Später wurde er sogar bespuckt und geschlagen. Der Nigerianer wurde kurioser Weise wegen des Zeigens verfassungsfeindlicher Gesten sogar angezeigt. Für Jermaine Jones gab es mittlerweile zu viele fremdenfeindliche Zwischenfälle, »als dass man jetzt noch schweigen kann.« Er versprach, unsere Aktion zusammen mit seinen Freunden zu unterstützen.

Gewalt, Fremdenfeindlichkeit und Rassismus haben im Fußball nichts zu suchen. Darüber waren sich das Frankfurter Fußball-Magazin ZICO, die Frankfurter Rundschau und die Frankfurter Sparkasse schnell einig und stellten für jeden Frankfurter Fußballplatz ein Schild mit der Aufschrift »Kein Platz für Rassismus!« zur Verfügung, das mit den Verantwortlichen der dort spielenden Vereine angebracht wurde.

Das Aufhängen der Schilder wurde von ZICO dokumentiert, die Fotos mit den Vereinsvertretern wurden jeweils im Heft sowie auf der Internetseite veröffentlicht. Fast alle Frankfurter Fußballplätze haben wir erreicht - drei Vereine konnten sich bis heute nicht dazu durchringen, ein Schild anzubringen. Außerhalb Frankfurts haben der SV Wehen-Wiesbaden, KSV Klein-Karben, FV Bad Vilbel, SC Dortelweil, SSV Heilsberg, SSG Langen und Roter Stern Hofheim ein Zeichen gesetzt und das Schild an ihrem Sportplatz angebracht. Heute beschränkt der Verein seine Aktivitäten auf eher regionale Aktionen.

| Zum Magazin |

ZICO, das Frankfurter Fußball-Magazin, brachte zwischen 2005 und 2007 14 Ausgaben über den regionalen Fußball heraus.

Rechte Seite: Das 1. Schild wurde im November 2007 von Ioannis Amanatidis, Eintracht Frankfurt, und vom Geschäftsführer der Commerzbank-Arena, Patrik Meyer, angebracht. Kris Rudolf war ebenfalls anwesend. Fotos links: Die Schilder Nr. 2 und 3 wurden beim BSC Frankfurt und im Stadion am Brentanobad in Frankfurt angebracht.

Kein Platz für
Rassismus!
Eine Aktion der Frankfurter Fußballvereine mit
FrankfurterRundschau
ZICO
Frankfurter
Sparkasse
1822

Aus einem Verbot wird eine Botschaft

Ein zusätzliches Wort macht aus einem Verbotsschild eine Aufforderung.

Wir haben die Idee seit Anfang 2009 weiterentwickelt und eine neue, bundesweite Aktion ins Leben gerufen: »Respekt! Kein Platz für Rassismus«. Respekt! geht über die reine Kernbotschaft »Kein Platz für Rassismus« hinaus - denn »Respekt!« fordert jeden Einzelnen direkt zum Denken und Handeln auf. Diese Botschaft möchten wir in Deutschland verbreiten!

Die Aktion »Respekt!« wurde von einer Gruppe von Menschen ins Leben gerufen, die alle eins gemeinsam haben: Sie sind der festen Überzeugung, dass Vorurteile, Rassismus, Homophobie und Sexismus auf dem Fußballplatz nichts zu suchen haben. Und auch an keinem anderen Ort der Welt!

Die Aktion hat eigene Leitlinien und wird über verschiedene Kanäle verbreitet. Kernziel der Aktion ist, auf allen Sportplätzen der Bundesrepublik auf das Thema »Respekt!« aufmerksam zu machen: Hierzu wurde ein Schild entwickelt, das in einfachen Worten sehr nachhaltig zum Denken und Handeln auffordert.

Respekt – nur ein Wort?

Respekt ist die Grundlage unserer Zivilgesellschaft, von allen gefordert – aber längst nicht jedem gezollt. Denn wer von anderen Menschen Anerkennung und Akzeptanz erwartet, muss selbst Verantwortung übernehmen und klar Position beziehen – gegen Benachteiligung Einzelner, Diskriminierung gesellschaftlicher Gruppen, Ausgrenzung und Fremdenfeindlichkeit. Respekt signalisiert Wertschätzung und Achtung gegenüber anderen Personen und schließt damit von vornherein ausgrenzendes Verhalten aus. Gleichzeitig ist aber klar, dass es keine einheitliche Übersetzung für den Begriff »Respekt« gibt: Dieses Wort hat für jeden Menschen eine individuelle Bedeutung, die sich aus seiner ganz privaten Lebensgeschichte entwickelt hat.

Sag JA zu Respekt – aber ohne negative Ausprägungen

Respekt beinhaltet aber auch immer ein totalitäres Moment, denn in dem Augenblick, in dem aus Respekt oder gar Angst Ehrfurcht wird, entwickelt sich ein neues Machtgefälle zwischen den beteiligten Personen. Wir möchten Respekt aber als etwas verstanden wissen, das uns allen das Zusammenleben erleichtert und die gegenseitige Achtung stärkt – ohne dabei totalitär zu sein und neue hierarchische Strukturen zu schaffen.

Gefragt ist in diesen Zeiten ehrliches Engagement, das besonders Jugendlichen konkret vermittelt, wie wichtig das Eintreten für gegenseitigen Respekt und gegenseitige Achtsamkeit ist. Gleichzeitig wäre es wünschenswert, wenn innerhalb der Gesellschaft eine Diskussion zustande käme – eine Diskussion darüber, wie wir uns alle gemeinsam die Gesellschaft der Zukunft vorstellen! Und so kamen wir auf die Idee, die Aktion »Respekt! Kein Platz für Rassismus« ins Leben zu rufen.

| Zum Magazin |

Querpass - Das Magazin für Fußball & Kultur erscheint seit Oktober 2009 mit vier Heften pro Jahr. 20.000 Exemplare werden bundesweit gratis verteilt.

Im Mai 2010 wurde das erste Respekt!-Schild von Ioannis Amanatidis, Eintracht Frankfurt, und vom Geschäftsführer der Commerzbank-Arena, Patrik Meyer, angebracht.

Respekt!
Kein Platz für Rassismus
www.respekt.tv
1892

Respekt! – gemeinsam für eine gute Sache

Mit diesem Buch und den 100 Menschen starten wir unsere neue Aktion »Respekt! Kein Platz für Rassismus«.

Denn gemeinsam sind wir stark und können Zeichen setzen. Wir möchten mit dem Projekt viele weitere Respektpersonen finden, die nicht nur reden, sondern auch handeln. Mit diesem Buch beweisen wir, wie unterschiedlich man Respekt beschreiben kann, wie vielfältig Respekt ist. Wir freuen uns über jeden, der mitmacht. Ihr findet alles, was Ihr über »Respekt! – Kein Platz für Rassismus« wissen wollt, auf www.respekt.tv. Wichtig ist noch, dass wir eine »Gemeinnützige Respekt! Kein Platz für Rassismus GmbH« gegründet haben, in die alle Erlöse fließen. Mitmacher, Partner, Sponsoren und Spender sind herzlich willkommen.

Die fünf Respekt! Leitlinien

Die Aktion »Respekt!« möchte weit über das pure, antirassistische Statement hinaus gehen: Deshalb haben wir in einem ersten Schritt die Leitlinien dieser Kampagne entwickelt:

1. RESPEKT! ist die Basis unseres Handelns. Denn nur Respekt und Toleranz ermöglichen uns ein friedliches Zusammenleben. Respekt ist aber nie ein einseitiges Handeln, sondern setzt immer Gegenseitigkeit voraus.

2. RESPEKT! ist unser Auftrag. Wir sind hohen moralischen Standards verpflichtet und möchten dazu beitragen, dass Menschen friedlich über die Grenzen von Kulturen, Religionen und Traditionen zusammenleben können.

3. RESPEKT! ist gewaltlos. Denn Respekt kann man nicht erzwingen. Respekt wächst mit dem Wissen über andere Kulturen, Religionen oder Traditionen und dem daraus resultierenden Verständnis für unsere Mitmenschen.

4. RESPEKT! ist Arbeit. Grenzen überwinden und Toleranz üben zu können, ist schwere Arbeit. Eine Arbeit, die wir gerne leisten. Denn sie bereichert unser Leben, macht es bunter und fröhlicher.

5. RESPEKT! stärkt. Gegenseitiger Respekt macht uns selbstbewusster und stärkt unsere eigene Identität. Mit diesem starken Selbstbewusstsein können wir mit Konflikten besser umgehen und neue Wege beschreiten.

Diese Leitlinien von »Respekt!« werden als Diskussionsgrundlage verbreitet – denn nur so kommt Respekt in die Diskussion und in die Köpfe!

| Die Anzeigen-Kampagne |
Geht mit gutem Beispiel voran: Jürgen Klopp zeigt Respekt.

Wie gedruckt: 100 Menschen stehen hinter der Aktion »Respekt! Kein Platz für Rassismus«.

Respekt!
Kein Platz für Rassismus
www.respekt.tv

Bundesweite Schilderaktion – Mach mit!

Ein Schild sagt mehr als 1.000 Worte.

Die Schilderaktion »Respekt! Kein Platz für Rassismus!« ist deutschlandweit ausgerichtet: Das Schild will auf vielen Sportanlagen und öffentlichen Plätzen sichtbar werden. Denn so kommt der Respekt vom Schild in die Köpfe!

Schon zahlreiche Unterstützer des Projekts haben sich mit dem Schild fotografieren und filmen lassen. Wie zum Beispiel der bekannte TV-Moderator Johannes B. Kerner. Mit diesem Bildmaterial werden wir eine bundesweite Kampagne starten: »Ich zeige Respekt!» – Und Du?.

Mach mit – So funktioniert's:

Euer Verein, eure Schule oder euer Betrieb möchten auch Flagge zeigen? Dann bestellt euer eigenes Schild einfach auf www.respekt.tv. Sendet uns anschließend ein Foto, das zeigt, wie ihr das Schild angebracht habt. Foto und Kurztext bitte an info@respekt.tv.

| Das Schild zur Aktion |

Das Schild ist aus Aluminium und 21 x 30 cm groß. Vier Löcher für Schrauben oder Nägel sind vorgestanzt.

»Ich mache mit, weil Respekt die Kernaussage für mein Leben ist.«

Johannes B. Kerner, Fernsehmoderator

Rechte Seite: Schuldirektor Heinz-Hermann Haar, Nuri Sahin und Kris Rudolf vom Team Respekt!, kurz vor dem Anbringen des Schildes.

Respekt!
Kein Platz für Rassismus
www.respekt.tv

Ein Respekt!-Projekt: Nuri Sahin sagt danke!

Die Aula des Evang. Gymnasiums in Meinerzhagen platzte aus allen Nähten: Nuri Sahin kam zurück an seine alte Schule.

Danke dafür, dass er dort viel Respekt erlebt und erfahren habe. Heinz-Hermann Haar, der Leiter der Schule, freute sich über den großen Erfolg seines ehemaligen Schülers und lobte Nuri: »Ich habe ihn immer als angenehm und zurückhaltend erlebt. Und wenn er sich nicht für den Profi-Fußball entschieden hätte, hätte er das Abitur bestanden!«

Dann erklärten Thomas Wark und Kwamena Odum den Schülern, Lehrern und Pressevertretern die Aktion »Respekt! Kein Platz für Rassismus«, zeigten die Entwicklung und die Erfolge der Kampagne auf. Diesem Anliegen wollte sich Nuri Sahin anschließen und die Aktion unterstützen – als er auf die Bühne trat, erntete er stehenden Applaus! Er gestand, dass er sehr aufgeregt und auch sehr stolz sei, wieder an seiner alten Schule zu sein.

Tanzen war nicht Nuris Stärke

Seine Lehrerin Ulrike Verhoeven, die seit drei Jahren eine Dauerkarte für den BVB hat und jedes von Nuris Heimspielen verfolgt, sagte im Scherz zu ihrem ehemaligen Schüler: »Bei mir musstest du Volleyball spielen und auch tanzen! Ich entschuldige mich dafür!« Und seine ehemalige Klassenlehrerin Sabine Hegmann gab zum Besten, dass Nuri oftmals die Hausaufgaben »sparsamer« erledigte als die anderen Schüler. Denn Nuri fuhr ja fast täglich nach Dortmund zum Training – mit dem Bus.

In der anschließenden Fragerunde kannte Nuri keine Tabus. Die Frage, ob er schon mal beim Spicken erwischt worden wäre, beantwortete er ganz offen und ehrlich mit ja – beim Lehrer Martin Hohnberger. Seine schlechteste Note sei eine Sechs gewesen und er habe auch schon mal eine Entschuldigung gefälscht. Er erklärte auch, warum er sich für die türkische Nationalmannschaft entschieden habe: »Ich wurde in der türkischen Jugendmannschaft ausgebildet. Zudem fühle ich mich als Türke – auch wenn ich gerne in Deutschland lebe!«

Ein Schüler stellte abschließend fest, dass Nuri doch trotz seines Erfolgs auf dem Boden geblieben sei – und darüber freute Nuri sich. Doch natürlich hatte Nuri auch noch einiges im Gepäck für seine ehemalige Schule: So wurden 20 persönliche Fußballtrainings unter den Schülern verlost. Außerdem wurden die besten Torschützen des schulinternen Wettbewerbs geehrt und tolle und detailreiche Aussagen der Schüler zum Thema Respekt vorgelesen. Und es gab weitere Preise zu gewinnen: Der 1. Preis war ein VIP-Paket für das Spiel Bayern gegen Dortmund mit Übernachtung im Mannschaftshotel und Kennenlernen der gesamten Profimannschaft. Der glückliche Gewinner freute sich sehr!

Ein kostbares Abschiedsgeschenk

Zum Abschied überreichte Nuri dem überwältigten Schulleiter einen prall gefüllten Umschlag: »Ich habe gehört, dass die Schule eine Mensa baut.« Und von den Schülern wünschte er sich: »Schätzt diese Schule, sie ist etwas Besonderes!« Gemeinsam ging es dann nach draußen, wo das Schild der Aktion direkt am Haupteingang der Schule befestigt wurde.

Text und Fotos: Chris Riederer

| Zur Person |

Nuri Sahin, einer der genau weiß, wo er herkommt. Das Wichtigste für den Fußballstar ist das gute Miteinander der Schüler.

Rechte Seite: Rund 700 begeisterte Schüler feiern Nuri Sahin beim Einlaufen in die Aula. Nächste Doppelseite: Die Aula platzt aus allen Nähten. Gewinnübergabe mit Lottofee Gizem Sahin (Nuris Cousine). Nuri mit Familie beim Betrachten eines alten Videos. Thomas Wark und Kwamena Odum stellen die Respekt-Kampagne vor.

Evangelisches Gymnasium Meinerzhagen
Nuri sagt »Danke!«
Respekt!
Kein Platz für Rassismus
www.respekt.tv

Est.
26

EVONIK

Respekt!
Kein Platz für Rassismus
www.respekt.tv

Das alles gibt's bei www.respekt.tv

Exklusive, witzige und lehrreiche Produkte für ein respektvolles Miteinander.

Mit einem Kauf unserer Produkte bei www.respekt.tv unterstützen Sie die »Gemeinnützige Respekt! Kein Platz für Rassismus GmbH«.

Unsere Homepage www.respekt.tv stellt die gesamte Aktion von A bis Z in allen Details vor. Die Hintergründe, die Macher, die Anzeigenkampagne zum Download, wechselnde TV-Interviews, eine große Fotoaktion, den Online-Shop. Das macht Lust zum Durchklicken. Einfach mal reinschauen.

100 Menschen – 100 bemerkenswerte Geschichten zum Thema Respekt. MIt 100 Videos auf 2 DVDs und dem Musikvideo »Viel zu tun!« von Irie Révoltés.

Der hochwertige Bildband versammelt zu diesem drängenden gesellschaftlichen Thema die unterschiedlichen Geschichten von 100 Menschen. Sportler, Musiker, Schauspieler und viele andere prominente und engagierte Menschen berichten in kurzweiligen Interviews über ihre Erfahrungen im Umgang mit Respekt. Sie erzählen auf eine sehr private Weise von spannenden, interessanten, berührenden, lehrreichen, lustigen und traurigen Begegnungen mit anderen Menschen. Die Erzählerinnen und Erzähler ergreifen Partei, setzen sich ein, zeigen Zivilcourage. Alle Interviews kann man auch anschauen – auf den beigelegten DVDs. **€ 39,90/Stk. Erhältlich auch im gut sortierten Buchhandel.**

»Mach mit bei der bundesweiten Schilderaktion und werde Teil dieser Kampagne. Denn es ist immer ein WIR.«

Steffi Jones, Präsidentin des OK Fußball-WM 2011 und Schirmherrin von »Respekt! Kein Platz für Rassismus«.

| Das Schild |

Mitmachen bei der bundesweiten Schilderaktion.

Das Respekt!-Schild ist aus Aluminium und 21 x 30 cm groß. Es hat 4 Löcher für 4 Schrauben oder Nägel.

€ 20,–/Stk.

| Die Respekt!-Bälle |

Die könnt Ihr treten:

Die Respekt!-Bälle sind da

Die Respekt!-Ball gibt es als Retro-Version im Look der 50er Jahre. Die zweite Ausführung ist das Modell »Player« und gut für den Trainings- und Spielbetrieb geeignet. Da könnt Ihr richtig hinlangen.

€ 25,– pro Ball

| Das Antiidiotikum |

Das Antiidiotikum® – schnelle Hilfe bei niedrigen Intelligenzquotienten.

Das »Antiidiotikum®« ist ein probates Hilfsmittel gegen niedrige Intelligenzquotienten. Mit diesem erfundenen »Medikament« möchten wir auf humorige Art und Weise darauf aufmerksam machen, dass Vorurteile heilbar sind. Denn denken hilft! Garantiert!

€ 3,90/Stk.

| Der Pin |

Der Pin ist ansteckend:

Aus Emaille und 16 x 8 mm groß mit einer Nadel zum Anstecken. Damit verankern wir die Botschaft noch mehr.

€ 2,–/Stk.

| Das Kinderbuch |

Das Kinderbuch: Malte und Emil berichten aus ihrem Leben.

Emil und Malte sind Freunde. Sie gehen zusammen in eine Klasse, spielen Fußball und erleben so einige Geschichten, die Kindern in einer Großstadt eben passieren. Sie erleben Zusammenhalt und echte Freundschaft, aber auch Ausgrenzung und Vorurteile. Doch Emil und Malte meistern gemeinsam alle Herausforderungen und sind einfach ein tolles Team! Das Vorwort zum Kinderbuch schrieb Steffi Jones, die gleichzeitig auch Schirmherrin des Projekts ist. Im Anhang finden sich viele Verhaltenstipps, wie sich Kinder bei Übergriffen oder Vorurteilen verhalten können.

€ 15,–/Stk.

Die Artikel dieser Seite gibt es exklusiv nur bei www.respekt.tv. Durch den Kauf unterstützen Sie die »Gemeinnützige Respekt! Kein Platz für Rassismus GmbH«.

Das Respekt!-Aktionspaket

- **1 Schild »Respekt! Kein Platz für Rassismus**
- **+ 1 Buch »Respekt! 100 Menschen – 100 Geschichten«**
- **+ 1 Kinderbuch »Was ist eigentlich Rassismus?«**
- **+ 2 Bälle mit »Respekt!«-Aufdruck**
- **+ 1 Packung Antiidiotikum**
- **+ 1 Emaille-Pin »Respekt!«**
- **+ 20 querpass-Magazine**

im Wert von € 150,– inkl. MwSt.

*** Jetzt bestellen – solange der Vorrat reicht.**

Das Wundermittel ist da!

Achtung: Lesen des Beipackzettels gefährdet Ihre Gesundheit.

Was ist das Antiidiotikum®, wofür wird es angewendet?

Das Antiidiotikum® ist ein probates Hilfsmittel gegen niedrige Intelligenzquotienten, Intoleranz, Respektlosigkeit, Rassismus, Homophobie, Sexismus, Antisemitismus und Xenophobie. Außerdem hilft es gegen rechtsextreme Denkschablonen und Vorurteile.

Was müssen Sie bei der Einnahme des Antiidiotikums® beachten?

Nichts. Das Antiidiotikum® ist ein Placebo. Aber wenn Sie Ihr Hirn einsetzen und anfangen zu denken, brauchen Sie dieses Produkt ohnehin nicht mehr!

Wie muss das Antiidiotikum® eingenommen werden?

Im Bedarfsfall können Sie morgens, mittags und abends den Inhalt von bis zu einer Schachtel Antiidiotikum® einnehmen.

Wie lange muss das Antiidiotikum® eingenommen werden?

Sie sollten das Antiidiotikum® so lange einnehmen, bis Sie keine intoleranten, rassistischen, antisemitischen, homophoben, sexistischen oder xenophoben Verhaltensweisen mehr aufweisen. Wenn Sie einmal die Einnahme vergessen haben, macht das nichts – setzen Sie einfach die Dauermedikation mit Antiidiotikum® fort. Es kann jedem geholfen werden! Auch Nachdenken über ausgrenzende Denkschablonen kann in einigen Fällen direkte Abhilfe schaffen.

Das Antiidiotikum® darf nicht eingesetzt werden, wenn:

- es darum geht, respektloses, ausgrenzendes oder intolerantes Verhalten zu respektieren oder zu tolerieren.
- Sie ohnehin ein denkender, toleranter und offener Mensch sind. Bleiben Sie einfach so, wie Sie sind! Aber Sie kennen bestimmt Menschen in Ihrem Umfeld, die eine Packung Antiidiotikum® gut gebrauchen können – verschenken Sie diese Packung einfach!

Wie ist das Antiidiotikum® aufzubewahren?

Leere Packung: An einem gut sichtbaren Ort. Denn mit der Präsenz des Antiidiotikums® signalisieren Sie Ihren Mitmenschen, dass Sie ein denkender und toleranter Mensch sind! Mit Inhalt: Trocken und im Dunkeln lagern.

Weitere Informationen zum Antiidiotikum®?

Klicken Sie auf www.respekt.tv. Denn das Antiidiotikum® ist Teil der Kampagne »Respekt! Kein Platz für Rassismus«. Auf dieser Website finden Sie noch viele weitere Produkte, die dabei helfen können, die Welt ein kleines bisschen toleranter und respektvoller zu machen.

Jetzt bestellen!

Gegen niedrige Intelligenzquotienten, Intoleranz, Respektlosigkeit und Rassismus – bestellen Sie jetzt das Antiidiotikum® (100 Filmtabletten IQ130).

€ 3,90/Stk. Gibt's in unserem Online-Shop auf www.respekt.tv.

Gebrauchsinformation: Information für den Anwender

Antiidiotikum®

10 Pfefferminz-Blister IQ130 · Wirkstoff: Placebo

Zur Steigerung niedriger Intelligenzquotienten. Gibt es weder beim Arzt noch beim Apotheker.

Zutaten:
Zucker, getrockneter Glukosesirup (Weizen), modifiziertes Stärkemehl, Magnesiumstearat E470b (Trennmittel), Pfefferminzöl

Was ist das Antiidiotikum® und wofür wird es angewendet?
Das Antiidiotikum® ist ein probates Hilfsmittel gegen niedrige Intelligenzquotienten, Intoleranz, Respektlosigkeit, Rassismus, Homophobie, Sexismus, Antisemitismus und Xenophobie. Außerdem hilft es gegen rechtsextreme Denkschablonen und Vorurteile.

Was müssen Sie bei der Einnahme des Antiidiotikums® beachten?
Nichts. Das Antiidiotikum® ist ein Placebo. Aber wenn Sie Ihr Hirn einsetzen und anfangen zu denken, brauchen Sie dieses Produkt ohnehin nicht mehr!

Wie muss das Antiidiotikum® eingenommen werden?
... können Sie morgens, mittags und abends den Inhalt von bis zu einer Schachtel Antiidiotikum® einnehmen. Einfach in Wasser

Rassismus?
Da habe ich was für Sie!
Antiidiotikum®
Wirkstoff: Placebo
Zur Steigerung niedriger Intelligenzquotienten
Respekt!
100 Filmtabletten IQ130
Respekt!
Kwamena Obu Mensa Odum,
verantwortlicher Redakteur bei Querformat,
empfiehlt »Antiidiotikum®«*.
* Zur Steigerung des Intelligenzquotienten.
Gibt es weder beim Arzt noch beim Apotheker.

Projektleitung

Lothar Rudolf	Inhaber Querformat Lothar Rudolf Medienkonzept
Kris-Patrick Rudolf	Organisation / Kamera / Regie / Fotografie
Kwamena Obu Mensa Odum	Film / Kamera / Regie / Kontakt
Christa Goede	Text / Konzeption
Jan Alexander Rabe	Schnitt / Kamera
Eva Steinhorst-Otto	Artdirektion
Thomas Wark	Kontakt

Umsetzung

Kurt Baumgärtner	Shotlisten
Jessica Hain	Layout / DTP
Anke Hess	Organisation
Jörg Schmidt	Layout / DTP
Ina Wudtke	Layout / DTP
Ludmilla Zind	Layout / DTP
Manuela Ernst	Administration

Dankeschön

| Cem Acar |
| Peter Beuther |
| Birgit Fieber |
| Bettina Frowein |
| Oliver Gietl |
| Christof Herrmann |
| Harald Hotze |
| Rainer Jöde |
| Andreas Katzenbach |
| Gro Haavaldsen Rabe |
| Chris Riederer |
| Roland Stipp |
| Anna Wachsmuth |
| Tini Wark |
| Paula Widmer |
| Christin Wittelsbach |

Netzwerk

Petra Bereuther	Schnitt
Andreas Bastiné	Illustration
Jörg Gillmann	Schnitt
Piers Harig	Schnitt
Karin Wagner	Text
Dieter Wagner	Kontakt / Marketing
Fred Steinbach	Kamera / Schnitt

| Weitere Partner & Sponsoren |

dialogstudio, media print, R.P.M., Bunte Kurve, KOS, Kairosagentur, Rootknox, Hotel AMANO

Interesse, uns zu unterstützen? Wir freuen uns... Informationen bekommt ihr unter info@respekt.tv